BURKHARD WEBER (HG.)

GOTT NAHE ZU SEIN IST MEIN GLÜCK

Burkhard Weber (Hg.)

GOTT NAHE ZU SEIN IST MEIN GLÜCK

Die Jahreslosung 2014 –
Ein Arbeitsbuch mit Auslegungen und Impulsen für die Praxis

neukirchener
aussaat

FSC
www.fsc.org
MIX
Papier aus verantwortungsvollen Quellen
FSC® C006701

Dieses Buch wurde auf FSC®-zertifiziertem Papier gedruckt. FSC (Forest Stewardship Council®) ist eine nichtstaatliche, gemeinnützige Organisation, die sich für eine ökologische und sozialverantwortliche Nutzung der Wälder unserer Erde einsetzt.

Bibliografische Information der Deutschen Bibliothek
Die Deutsche Bibliothek verzeichnet diese Publikation in der Deutschen Nationalbibliografie; detaillierte bibliografische Daten sind im Internet über http://dnb.ddn.de abrufbar.

Umschlaggestaltung: Robert Hoffmann-Lohse, Düsseldorf, unter Verwendung eines Bildes von Inge Heinicke-Baldauf
Projektmanagement und Lektorat: Dr. Ulrike Voigt, Stuttgart
DTP: Breklumer Print-Service, Breklum
Verwendete Schriften: Klavika, Sabon
Gesamtherstellung: CPI books, Ebner & Spiegel, Ulm
Printed in Germany
ISBN 978-3-7615-6006-8

www.neukirchener-verlage.de

Inhalt

Vorwort
Burkhard Weber 9

»GOTT NAHE ZU SEIN IST MEIN GLÜCK«

Exegetische und theologische Beobachtungen zur Jahreslosung
Burkhard Weber 11

AUSLEGUNGEN/ ANDACHTEN

Deine Nähe ist mein Glück
Eine Meditation in sieben Strophen, inspiriert durch das Titelbild von Inge Heinicke-Baldauf
Christina Brudereck 31

Unverfügbar ist das Glück, unverfügbar ist auch Gott
Bausteine für eine Andacht
Tina Willms 42

Psalm 73: Bilanz einer Krise
Bibelarbeit
Klaus Teschner 53

Jesus stört das System
Überlegungen zu Gottesnähe und Gottersferne
Burkhard Weber 60

Gott ist da – Gott ist nah – Gott sagt Ja
Eine Erinnerung an Gerhard Tersteegen,
den Sänger und Dichter der Nähe Gottes
Klaus Teschner 66

ENTWÜRFE / ANSTÖSSE FÜR DIE ARBEIT MIT GRUPPEN

Auf der Suche nach dem Glück...
Entwurf für eine Gruppenstunde (ab 15 Jahren)
Sabine Herwig 79

Nichts soll dich ängsten
Gruppenstunde für Frauenkreise und andere Gruppen
Kristina Schnürle 88

Wie liest ein Mann die Jahreslosung 2014?
Gedächtnisprotokoll eines Gesprächs
Burkhard Weber 96

FUNDGRUBE

Texte zur Auslegung von Psalm 73 99

Erfahrungen und Gebete zur „Gottesnähe" 103

Erfahrungen
Psalmen essen
Dorothee Sölle 103
Liebe kommt nie an ihr Ende
Dorothee Sölle 104

Das Vaterunser
Simone Weil 105
Gott ist überall
Dom Hélder Câmara 106
Wo Gott wohnt
Tina Willms 107
Dein Wort
Tina Willms 108
Mit zarten Farben
Tina Willms 109
Eine Gotteserfahrung
Dorothee Sölle 110

Gebete
Erschüttere uns
Dom Hélder Câmara 112
An dunklen Tagen
Martin Gutl 112
Du bist bei mir
Martin Gutl 113
Du, du, du!
Martin Buber 114
Großer Gott klein
Kurt Marti 115
Altchristliches Segensgebet 115

Textnachweise 117

Über die Autorinnen und Autoren 118

Vorwort

„Losungen“ sind kleine Portionen aus dem reichhaltigen Angebot biblischer Worte. Sie sollen für einen begrenzten Zeitraum – einen Tag oder ein Jahr – zum Nachdenken anregen und Orientierung bieten. Tageslosungen gibt es seit dem 3. Mai 1728, als Nikolaus Ludwig Graf von Zinzendorf (1700–1760) der Herrnhuter Gemeinde erstmals ein Bibelwort als Parole für den nächsten Tag gab. Daraus entstand das Losungsbuch, das am weitesten verbreitete Andachtsbuch der Kirchengeschichte. Jahreslosungen gibt es dagegen erst seit 1930. Die Idee dazu hatte der württembergische Pfarrer und Liederdichter Otto Riethmüller (1889–1938).
Die Jahreslosungen werden heute in einem sorgfältigen Diskussions- und Entscheidungsprozess von der „Ökumenischen Arbeitsgemeinschaft für Bibellesen“ festgelegt.

Von einzelnen Bibelworten wie Jahreslosungen ist im Lauf der Geschichte für viele Gemeinden und für unzählige Menschen eine große Kraft ausgegangen. Es gibt gute Gründe, sich für einen gewissen Zeitraum an ein begrenztes biblisches Motto zu halten, dieses Wort auswendig zu lernen und es zu meditieren, damit es zu einem inwendigen Besitz werden kann. Genauso wichtig ist es aber, diese wertvollen Einzelverse in ihrem biblischen Zusammenhang wahrzunehmen. Die kleinen Portionen machen nicht satt, sondern regen den Appetit auf komplette Mahlzeiten an.

Dieses Buch enthält eine bunte Mischung. Die Jahreslosung für 2014 kommt als Einzelvers zur Geltung und wird zugleich im Zusammenhang mit Bibel, Theologie, Kunst und kirchlicher Praxis dargestellt. Die Anregungen für die Praxis sind zum Teil im Baukastensystem erarbeitet und lassen sich gut auch für andere Gruppen als in den Überschriften angegeben verwenden.

Ich danke allen, die Texte und Bilder zu diesem kleinen Sammelband beigetragen haben, und hoffe und wünsche, dass die Jahreslosung zu einem Lebenswort für das Jahr 2014 und darüber hinaus wird.

Burkhard Weber

»Gott nahe zu sein ist mein Glück«

Exegetische und theologische Beobachtungen zur Jahreslosung

Burkhard Weber

Resonanzen

Töne erklingen und erzeugen Resonanzen. Worte rufen Antworten hervor – hoffentlich! Ob in der Form von Zustimmung, Protest oder Fragen – auf jeden Fall ist es gut, Resonanzen wahrzunehmen und Antworten zuzulassen. Sie können uns helfen, den ursprünglichen Ton und das vom ersten Sprecher gemeinte Wort zu verstehen.

„Gott nahe zu sein ist mein Glück“ stand auf einem Blatt Papier. Junge Erwachsene waren eingeladen, ihre Assoziationen zu notieren. Dass es sich um ein Bibelzitat oder gar um die Jahreslosung 2014 handelte, wussten sie nicht. Hier einige Resonanzen:

- *Glück – was ist das? Gibt's das Wort in der Bibel? Ja, in den Seligpreisungen – aber was ist das?*
- *Ist es dann Pech, wenn ich fern bin?*
- *Gottes Nähe schenkt mir innerlich Frieden. Gleichzeitig überfordert mich seine Nähe auch, weil sie empfunden so überwältigend ist. Und dann fällt es mir manchmal schwer, irgendwelche Anhaltspunkte für seine Nähe zu haben. Erlebe ich seine Gegenwart*

z. B. bei einem Spaziergang in der Natur, dann ist das wundervoll beglückend und gleichzeitig so tief, dass es weh tut; und doch ist es die Nähe zu Gott, die mir Hoffnung und Mut zum Leben gibt und mir überhaupt das Leben ermöglicht.

- *Dazu bin ich bestimmt und gemacht, in enger Gemeinschaft mit ihm zu leben. So wird auch der Himmel sein. Vor allem das Kreuz von Golgatha ermöglicht dies für mich! Die Nähe Gottes zu spüren ist: den Frieden zu spüren, der allen Verstand übersteigt. (Philipper 4)*
- *Schöner Satz, entspricht aber nicht immer meinem Gefühl.*
- *Was ist Glück?*
- *Was bedeutet „Gott nahe sein"?*
- *Es tut gut, Gott in der Stille zu suchen.*
- *Meine Befürchtung ist, dass es dazu kommt, dass die Person darunter den Rückzug und die Absage an das „normale" Leben versteht und sich nach einer ständigen mystischen Erfahrung sehnt. Gott nahe zu sein, ist meiner Auffassung nach vielschichtiger… Wir begegnen ihm auch in der Welt!*
- *Amen! Richtig. So muss es sein. Alle Menschen sollen das begreifen. Wo kommt Gott mir nahe?*
  - *Ich kann gar nix! Gott tut es. Ich will zu Gott.*
  - *Bei Gott ist alles anders; alle Erwartungen verblassen da.*
  - *Wann darf ich zu ihm? Wird er sich um alles kümmern, wenn ich weg bin?*
- *Auf die Frage „Was ist Glück?" würde ich so nicht antworten, sondern eher „im Lotto zu gewinnen oder so". Aber das Wort „Glück" ist viel zu schwach*

für die Vorstellung, Gott nahe beziehungsweise bei ihm zu sein. Was heißt „Gott nahe zu sein"? Muss ich dafür tot sein?

- *Gott mir nahe oder ich ihm? Heißt das: Habe ich kein Glück, geht es mir schlecht, ist Gott mir fern, entsteht Raum für das Schlechte/den Teufel, gibt Gott ihm Raum? Gottes Nähe ist meine Ruhe.*

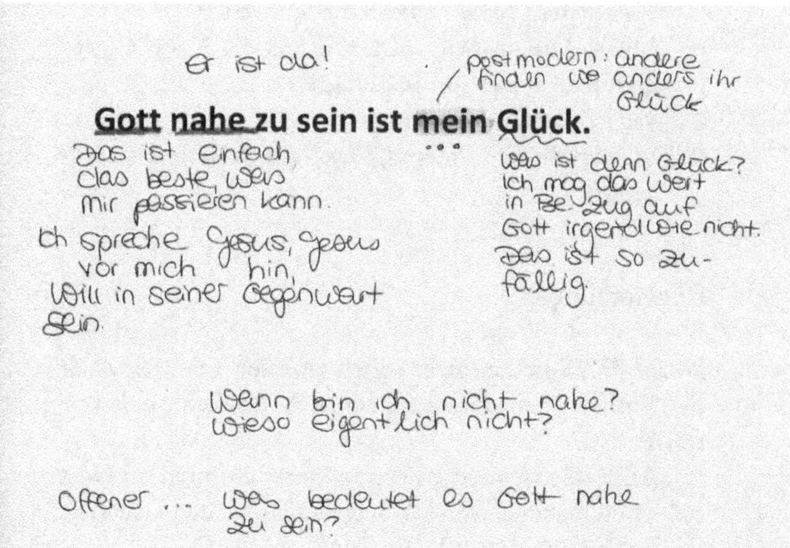

Fragen an den Text

Die Durchsicht dieser in wenigen Minuten entstandenen schriftlichen Äußerungen ergibt eine Reihe interessanter Fragestellungen, die im Zuge der Textauslegung Beachtung finden sollen:

- Was ist mit Nähe gemeint?
- Wie entsteht Nähe? Wer naht sich wem?
- Gibt es Situationen, in denen uns die Nähe Gottes überfordert oder gar bedrängt?
- Was ist mit Glück gemeint?
- Wie verhält sich „mein Glück“ zur Situation der anderen?

Übersetzungen

Psalm 73,28 ist ein nicht selten zitierter Vers, der nach der Luther-Übersetzung manchen Menschen noch vertrauter ist:

„Aber das ist meine Freude, dass ich mich zu Gott halte und meine Zuversicht setze auf Gott, den HERRN, dass ich verkündige all dein Tun.“

Die ersten Worte des Verses wurden als Jahreslosung gewählt. Es lohnt sich, Übersetzungen beziehungsweise Übertragungen aus verschiedenen Bibelausgaben und Kommentaren anzuschauen:

- Mein Glück ist es, Gott nahe zu sein. (Zürcher)
- Ich aber: Gott zu nahen ist mir gut. (Elberfelder)
- Mihi autem adpropinquare Deo bonum est. (Vulgata)

- Ich aber darf dir immer nahe sein, mein Herr und Gott; das ist mein ganzes Glück. (Hoffnung für alle)
- Dir nahe zu sein ist mein ganzes Glück. (Gute Nachricht)
- Mir ist die Gemeinschaft mit Gott das einzige Glück. (Hans Bruns)
- Mir aber ist deine Nähe kostbar. (Jörg Zink)
- Aber ich? Gott nahe zu sein ist mir gut. (Arnold Stadler)
- Was mich betrifft: Gottes Nähe ist gut für mich. (Bibel in gerechter Sprache)
- Ik freu mi vun Harten, datt Gott mi so neech ist. (Dat Ole Testament)
- Aber i – wann du bei mr bist – des ischt mir s Wichtigst. (Bibel für Schwoba)
- Ich aber (bekenne): Die Elohim-Nähe (ist) mir gut. (Beat Weber)
- Ich aber – deine Nähe ist mir köstlich. (Kurt Marti)
- Ich aber: Gottes-Nahen ist gut für mich. (Frank-Lothar Hossfeld / Erich Zenger)
- Mir aber, mir ist die Nähe Gottes gut. (Klaus Seybold)

Satzbau und „Werkstatt-Übersetzung"

In der hebräischen Bibel besteht der Satz „Gott nahe zu sein ist mein Glück" aus nur vier Worten, wobei die beiden ersten einen sinngemäßen Nominativ mit anschließendem Genitiv bilden und die beiden letzten durch einen „Bindestrich" verbunden und damit eigentlich nur ein Wort sind:

- „Nähe“?
- Gott
- Für mich
- Gut

Als „Werkstatt-Übersetzung“ kann man den Satz auf zwei jeweils zusammengesetzte Worte reduzieren:

NäheGottes FürmichGut

Es handelt sich um einen Nominalsatz, d. h. wir finden kein Verb. Vielmehr muss das Verb vom Leser sinngemäß ergänzt werden, was in den Übersetzungen richtig mit dem Hilfsverb „sein“ geschieht.

Dieser Befund scheint einfach, aber der Blick in die hebräische Ausgabe des Alten Testaments und in wissenschaftliche Kommentare lehrt, dass es doch einige offene Fragen gibt.

Aussagesatz oder Anrede?

Einige Kommentatoren schlagen vor, in dem insgesamt nicht gut erhaltenen hebräischen Textbestand von Psalm 73 statt „Nähe Gottes“ besser „dir zu nahen“ zu lesen. Dann wäre unser Vers nicht eine Aussage über Gott, sondern schon jetzt eine Anrede, ein Gebetssatz zu Gott hin, wie es wohl auf jeden Fall gilt für die letzten Worte von Psalm 73: „zu erzählen von allen deinen Werken“. Einige Übersetzungen (z. B. „Gute Nachricht“, „Hoffnung für alle“, „Bibel für Schwoba“, Kurt Marti) sowie einige Kommentatoren (z. B. Claus Westermann) verstehen aufgrund einer Anregung in der wissenschaftlichen Ausgabe der Hebräischen Bibel (im sog. „textkritischen Apparat") auch schon unsere Jahreslosung als Anrede an Gott.

Auch wenn dieser Anregung die Formulierung als Aussagesatz vorzuziehen ist (wie es auch in der Jahreslosung nach der Einheitsübersetzung der Fall ist), entdecken wir hier doch ein bedeutendes Motiv, das für den ganzen Psalm 73 gilt und sich auch im letzten Vers spiegelt: Das Reden zu Gott und über Gott ist aufeinander bezogen – eine wichtige Einsicht für alle Glaubenden zu allen Zeiten.[1]

Nähe – aktiv oder passiv?

Eine weitere Frage lautet, was mit dem Ausdruck „Nähe" oder „Nahen" in Verbindung zu „Gott" gemeint ist. Diese Frage drängt sich ja auch durch die spontanen Rückmeldungen auf, die auf den Satz „Gott nahe zu sein ist mein Glück" gegeben wurden.

---

1 Claus Westermann, Ausgewählte Psalmen, Göttingen 1984, S. 106: „Der 73. Psalm hat seine besondere Bedeutung darin, dass er nicht nur an Gott gerichtete Rede ist, sondern übergeht in das Reden von Gott, in ein Reden über Gott, sein Sein und sein Tun reflektierendes Reden […]. Dann ist aus dem 73. Psalm ein für alle Theologie wichtiger Schluss zu ziehen: Hier ist das Reden zu Gott dem Reden von Gott vorgeordnet. Der Ausgangspunkt der Theologie als des Redens von Gott ist nicht die Frage des Intellekts: ‚Was können wir von Gott sagen?', ‚Welchen Sinn hat es, von Gott zu reden?', der Ausgangspunkt aller Theologie ist vielmehr das Reden zu Gott, so wie hier im 73. Psalm das Nachdenken über Gott aus dem Reden zu Gott erwächst. In diesem Psalm ist es die Frage der betroffenen Existenz nach Gott, die Ausweglosigkeit der an ihre Grenze stoßenden Existenz, die nach Gott fragt. Theologie erwächst nicht aus dem Denken, sondern aus dem Sein".

Die oben aufgeführten Übersetzungen zeigen die Alternative:

- Handelt es sich um die Botschaft, dass Gott nahe ist beziehungsweise dass er sich nähert? Geht also die Initiative zur Begegnung von ihm aus? In diesem Fall würde es sich bei der grammatischen Konstruktion um einen „genitivus subjectivus" handeln. In diese Richtung gehen z. B. die Lutherbibel und die Elberfelder Bibel.
- Oder will der Psalmbeter betonen, dass er selbst die Nähe Gottes sucht, dass er sich an Gott hält, wie es z. B. Luther übersetzt hat? Das wäre grammatisch ein „genitivus objectivus". So übersetzen beispielsweise Jörg Zink, Kurt Marti und die plattdeutsche Bibel.

Rein grammatikalisch lässt sich diese Frage nicht entscheiden. Die für die Jahreslosung gewählte Formulierung aus der Einheitsübersetzung umgeht – oder löst – das Problem, indem einfach von „Gott nahe sein" gesprochen wird. Etliche andere Übersetzungen gleichen in diesem Punkt der Einheitsübersetzung.

An dieser Stelle ist eine Bemerkung zur hebräischen Sprache und zum hebräischen Denken nötig. Das Hebräische kommt mit viel weniger Worten aus als es z. B. im Griechischen oder Deutschen der Fall ist. Im Hebräischen gibt es aufgrund eines relativ einfachen Satzbaus oft Aussagen, die man verschieden – gelegentlich sogar anscheinend sich widersprechend (wie in unserem Fall) oder auch einander ergänzend – übersetzen kann. Darin liegt aber keine Schwäche, sondern eine Stärke hebräischen Denkens. Es lässt dem Hörer Raum zum Nachdenken und zur Interpretation.

Zum Verstehen eines Textes gehört nicht nur der Autor, sondern auch der Empfänger. Wir sollen ins Stolpern kommen, wenn andere denselben Text anders deuten, und mit ihnen das Gespräch aufnehmen. Sollte der hebräisch denkende Autor Wert darauf legen, dass die Hörer eine Aussage in einem ausschließlichen Sinn verstehen, hätte er die Möglichkeit, dies auszudrücken. Wenn er dies nicht tut, ist das Gespräch eröffnet – ein Gespräch mit offenem Ausgang. Auf meine damalige Frage als Student, was bei einem bestimmten alttestamentlichen Text denn nun die richtige, treffende und konsensfähige Erklärung sei, protestierte der Tübinger Neutestamentler und Kenner des Judentums Prof. Dr. Otto Michel (1903–1993) spontan und zum Erschrecken des Hörsaals lautstark mit dem Satz: „Das Judentum kennt keine Dogmatik. Das Judentum ist ein Gespräch. Das ist auch für uns Christen nötig."

Hilft der Kontext bei der Entscheidung, ob die „GottNähe" / das „GottNahen" von Gott oder dem Menschen ausgeht? Einige Ausleger setzen unseren Vers in Beziehung zu Psalm 73,17 und verstehen es so, dass der Beter von seinem Weg zum Tempel und von seiner dortigen Begegnung mit Gott spricht. Andere nehmen Abstand von der früher sehr häufig genannten These, dass viele Psalmen ihren „Sitz im Leben" in der Tempelfrömmigkeit haben. Wieder andere befürchten schon bei der Übersetzung, dass die Aussage „ich nähere mich Gott / ich halte mich zu ihm" individualistisch und frömmelnd missverstanden werden kann, und betonen, dass Gott das Subjekt ist und bleibt.

Auch hier wird man sich vor einer künstlichen Alternative hüten müssen – genau wie bei der Auslegung von Jesaja 58,2, der einzigen Stelle im Alten Testament, wo der identische Wortlaut vorkommt. Theologisch ist es nicht nur grundsätzlich, sondern gerade auch von Psalm 73 her (vgl. z. B. V. 23ff) unbestreitbar, dass alle Gottesnähe von ihm selbst ausgeht. Er erwählt. Er schenkt Heil. Er sucht den Menschen. Er bietet ihm seine Nähe an.[2] Dies souveräne und an keine menschlichen Bedingungen gebundene heilvolle Handeln schließt nicht aus, sondern bewirkt, dass der Mensch seinerseits die Nähe Gottes sucht und sich an Gott festhält. „Teneo quia teneor" (= „Ich halte fest, weil ich gehalten werde") war die Umschrift auf dem Siegel der Bekennenden Kirche des Rheinlands und der Bekenntnissynode von 1934. Dieser Satz war auch das Lebensmotto von Bundespräsident Johannes Rau (1931–2006), wie er es gegenüber einer großen deutschen Zeitung formulierte.

---

2 Der aktuellste Kommentar zu den Psalmen (Frank-Lothar Hossfeld/ Erich Zenger, Psalmen 51-100, HThKAT, Freiburg 2000, S. 352f) hält grammatisch die Entscheidung offen, lässt aber zustimmend den Alttestamentler Diethelm Michel zu Wort kommen: „Gott (ist) derjenige [...], der Subjekt des heilvollen Handelns ist, und erst recht gilt dies im Blick auf die [...] Entsprechung von V.1 und V. 28 – gegenüber der alten und zweifelhaft gewordenen Meinung ‚Gott ist gut für die Frommen, indem er gerecht vergilt' wäre die Meinung ‚Für mich ist es gut, wenn *ich* mich Gott nähere' kaum eine Lösung. Statt eines (gottesdienstlichen) Sich-Nahens zu Gott wäre von dieser Überlegung her allenfalls denkbar ‚Nahe-Sein bei Gott', wobei dieses Nahesein dann als Ergebnis des göttlichen Handelns von VV. 23f. zu verstehen ist."

Wie findet das Ausdruck – „Gott nahe sein"?

Kultische Nähe

Auch wenn es offen bleibt, ob in unserer Jahreslosung „Gott nahe sein" an den konkreten Gang zum Tempel erinnern soll, so gibt es doch so etwas wie eine „kultische" Nähe zu Gott. Dabei ist in erster Linie an den Jerusalemer Tempel zu denken, aber auch an andere heilige Orte. Vermutlich ist aber durch weite Teile der Geschichte Israels der kultische Ort auch im übertragenen Sinn verstanden worden. Es geht ja nicht um Gebäude oder geographisch zu bestimmende Lokalitäten[3], sondern um das, was dort geschieht: Versammlung des Gottesvolkes, Hören auf Gottes Wort, Anbetung als Antwort – also im besten Sinn: Liturgie.

Die Sehnsucht nach dieser „kultischen" Nähe zu Gott ist durchaus auch ein aktuelles Thema. Klar ist, dass es nicht allein um Gebäude, Orte, Zeiten und Rituale gehen

---

3 Neben der nicht zu bestreitenden Hochachtung des Tempels findet sich nicht nur bei den Propheten, sondern auch schon in den Geschichtswerken eine durchaus kritische Haltung gegenüber der machtvollen Sichtbarmachung der Gottesgegenwart in Jerusalem und am Tempel. Sollte es stimmen, dass Teile der urgeschichtlichen Überlieferung (z. B. das sog. Jahwistische Werk) in der Zeit der Bauperiode des Salomonischen Tempels anzusetzen sind, könnte man die Turmbau-Geschichte in 1. Mose 11 auch im Sinne einer verschlüsselten Kritik an Salomo lesen. „So merkwürdig es klingt, dieser Tempel war ebenso wie das ganze Jerusalem ein Fremdkörper im Staat, eine königliche Unternehmung, ein Ort autonomer Repräsentanz des Königs und des von ihm verehrten Gottes. Es ist nicht auszudenken, welchen Weg die Jahwe-Religion genommen hätte, wenn sie allein in diese Formen königsgebundener Verehrungspraxis eingeengt worden wäre, wenn nicht die lebendige Überlieferung der Stämme und ihrer Heiligtümer dafür gesorgt hätte, die Verehrung Jahwes in ungebrochener Kontinuität und Ursprünglichkeit von der Zeit in der Wüste her im Bewusstsein zu halten" (Siegfried Herrmann, Geschichte Israels, München 1973, S. 227f).

kann. Ebenso klar ist, dass sich insbesondere der Protestantismus und mit ihm nicht selten die erwecklichen Bewegungen keinen guten Dienst getan haben, wenn sie die Themen von Kultus, Liturgie und „heiligen Orten" zu schnell als unreformatorisch oder abergläubisch abgetan haben. Menschen suchen Nähe bei Gott und erfahren solche Nähe durchaus in Kirchengebäuden, in der Liturgie des Gottesdienstes und in Ritualen, die auch konträr stehen können zur Gegenwartskultur. Wenn diese Überlegung stimmt, könnte es von unserer Jahreslosung her eine Aufgabe sein, christliches Leben auch von seinen Ausdrucksweisen her so zu gestalten, dass dies Bedürfnis bedient wird. Spirituell suchende Menschen sollten in unseren Räumen und in unseren Liturgien Gott nahe sein können (als Suchende und Gefundene!) und darin Glück erfahren.

Mystische Nähe

Der Begriff „Mystik" würde eine eigene Untersuchung verdienen. Hiermit meine ich eine individuell (und dann ggf. auch in der Gemeinschaft) erfahrbare und bezeugte personale Gemeinschaft mit Gott. Zu dieser Deutung gibt es aus der frühen Überlieferungsgeschichte von Psalm 73 einen interessanten Hinweis. Die vor der Zeitenwende entstandene griechische Übersetzung der hebräischen Bibel, die so genannte Septuaginta (LXX), übersetzt: „Das Hängen an Gott…". Das griechische Wort für „Hängen" könnte der Versuch sein, ein hebräisches Wort wiederzugeben, das aufgrund des schwierigen Textbefundes von einigen Auslegern als Alternative zu dem Wort für „Nähe" vermutet wird und so viel heißt wie „ankleben", „anhangen", „festhalten", „zusammenschweißen". Hier werden Begriffe benutzt, die sowohl in der hebräischen als auch in der griechischen biblischen Überlieferung auch im Zusammenhang der Ehe benutzt werden (vgl. z. B. 1. Mose 2,24; Matthäus 19,5; Epheser 5,31). Es geht also um Persongemeinschaft.

Ähnlich wie bei der Frage der kultischen Nähe ist zu fragen, woher in der Gegenwart die Sehnsucht nach Mystik kommt. Offenbar gibt es Menschen, deren Sehnsucht nach erlebter Gottesnähe im christlichen Glauben beziehungsweise im kirchlichen Normalbetrieb unerfüllt bleibt, so dass sie sich anderen Quellen zuwenden, zum Beispiel der Esoterik oder asiatischer Religiosität. Wenn diese Überlegung stimmt, könnte es von unserer Jahreslosung her eine Aufgabe sein, die Gottesbeziehung als „Personalunion" zwischen Gott und dem Menschen neu zu entdecken und zu beschreiben. Das Liedgut von Gerhard Tersteegen[4] wäre dafür eine Fundgrube, zumal er eine „Christus-Mystik" vertritt – gegen alle Versuche, den ewigen Gott abseits seiner in Christus dem Menschen nah gewordenen Gestalt zu finden. Dass der christliche Glaube Jesus Christus als den „Ort der Gottesgegenwart"[5] bekennt, ist Zentrum biblisch-reformatorischen Denkens und theologischer Leitsatz der Bekennenden Kirche (Barmer Theologische Erklärung). Christen werden die Nähe Gottes nicht ohne das Zeugnis von dem in Jesus Christus Mensch gewordenen Gott bekennen. Zugleich gilt: „Wir können diesen Psalm nicht ohne oder gar gegen Israel beten."[6]

4 Vgl. dazu den Beitrag „Gott ist da – Gott ist nah – Gott sagt Ja" von Klaus Teschner in diesem Buch.

5 Hans-Joachim Kraus, Psalmen. 1. Teilband, Biblischer Kommentar Altes Testament, Neukirchen 1960, S. 511.

6 Erich Zenger, Psalmen, S. 227f.

Soziale Nähe

Mit „sozialer Nähe" ist gemeint, Gott nahe zu sein, indem man Menschen nahe ist, die zu ihm gehören. Manchmal ist die Nähe Gottes nicht im Kult und auch nicht der persönlich empfunden Berührung mit Gott zu erfahren, sondern schlicht in der Begegnung mit anderen Menschen. Diese klingt vielleicht so, als sei es „weniger", als Gott im Kultus oder in der Persongemeinschaft zu erleben. Sicher wird man die Nähe zu Gott beziehungsweise das Nahen Gottes nicht auf den sozialen Aspekt reduzieren dürfen. Aber eliminieren dürfen wir ihn ebensowenig, handelt es sich bei den Menschen in der Nähe Gottes doch um das „Volk Gottes" beziehungsweise den „Leib Christi". In der „Anfassbarkeit" derer, die zu Gott gehören, liegt eine große missionarische Kraft: „So spricht der HERR Zebaoth: Zu der Zeit werden zehn Männer aus allen Sprachen der Heiden *einen* jüdischen Mann beim Zipfel seines Gewandes ergreifen und sagen: Wir wollen mit euch gehen, denn wir hören, dass Gott mit euch ist." (Sacharja 8,23)

Wenn diese Überlegung stimmt, könnte es von unserer Jahreslosung her eine Aufgabe sein, Gemeinde als Ort der Gottesbegegnung neu zu denken und die Nähe, die Menschen in ihr erfahren und in ihr suchen, als Gottesnähe zu begreifen. Die aus dem geistlichen Aufbruch in der anglikanischen Kirche in England stammende Formel „Belonging before Believing" wird zwar inzwischen auch in Deutschland häufig zitiert, aber gelegentlich so gedeutet, dass „to belong" nur so etwas wie eine Vorstufe zu „to believe" ist. Kann man auch denken, dass „belong" und „believe" Synonyme sind? Müssen wir – gerade wenn uns daran liegt, Menschen für Christus zu gewinnen – das

Interesse, die Anwesenheit, die Mitgliedschaft, die Mitarbeit solcher Menschen nicht genau so würdigen wie die „kultische“ und die „mystische“ Gottnähe?

Anderen die „Gottnähe“ glauben

Von Psalm 73 her (und vom Gesamtrahmen biblischen Denkens) haben alle drei Ausprägungen der Gottnähe („kultisch“, „mystisch“, „sozial“) ihr Recht. Bestimmten Menschen wird – entsprechend ihrer Persönlichkeit und ihrer Prägung – die eine Deutung mehr einleuchten als die anderen. Dabei kommt es darauf an, die Berufung und die Gottnähe der oder des anderen zu glauben, darüber zu sprechen und dies mit dem Zeugnis von Gott zu verbinden, der in Jesus Christus die Gottferne des Menschen überwunden hat.

Bedrängende oder beglückende Nähe?

Gottes Nähe kann bedrängend sein. Menschen der Bibel haben diese Erfahrung gemacht, wenn Gott sie zum Beispiel mit schwerem Leid, einem scheinbar undurchführbaren Auftrag oder mit ihrer eigenen Schuld konfrontiert hat. Leider ist es aber wohl auch so, dass Menschen das Evangelium als bedrängend erlebt haben, wenn es mit Druck, Schüren von Schuldgefühlen und Manipulation vermittelt wurde. Wo dies geschah, wurde aus der „Frohbotschaft“ eine „Drohbotschaft“; aus dem Angebot der behutsamen und einladenden Nähe Gottes wurde ein religiöses System, das Menschen aufgedrückt wurde. Im Bewusstsein des unaufgebbaren missionarischen Auftrages („Mission gehört zutiefst zum Wesen der Kirche") haben im Jahr 2011 der Päpstliche Rat für den Interreligiösen Dialog, der Ökumenische Rat der Kirchen (ÖRK) und die Weltweite Evangelische Allianz (WEA) einen leider viel zu wenig bekannten innerchristlichen Ethikkodex für Mission verabschiedet, in dem es heißt: „Für Christen/innen ist es ein Vorrecht und eine Freude, Rechenschaft über die Hoffnung abzulegen, die in ihnen ist, und dies mit Sanftmut und Respekt zu tun."[7] Dass in der Geschichte der Kirche vielfach unlautere Mittel der Mission eingesetzt wurden, indem aus der sanftmütigen Nähe Gottes geistlicher Machtmissbrauch gemacht wurde, wird in dem Text eingeräumt. Zugleich wird betont: „Christen/innen sind dazu berufen, ihr Verhalten von Integrität, Nächstenliebe, Mitgefühl und Demut bestimmen zu lassen und alle Arroganz, Herablassung und Herabsetzung anderer abzulegen."

Glück – für mich

Welche Wirkungen hat es, Gott nahe zu sein? Das hebräische Wort, das der Übersetzung „Glück" zugrunde liegt, heißt einfach „gut". Es ist kein geprägter Begriff und kann vordergründig so klingen wie das deutsche Allerweltswort „gut". Doch auch hier gilt, was wir schon beim Thema „Nähe des Menschen zu Gott oder Nähe Gottes zu uns?" beobachtet haben: Die Hörerinnen

---

7 „Das christliche Zeugnis in einer multireligiösen Welt. Empfehlungen für einen Verhaltenskodex" – „Christian Witness in a Multi-Religious World – Recommendations for Conduct", abrufbar über die Seite des Ökumenischen Rates der Kirchen (www.oikoumene.org).

und Hörer sollen das Wort inhaltlich füllen, damit es nicht eine Floskel bleibt. In den Übersetzungen kommt dies dadurch zum Ausdruck, dass z. B. vom „einzigen" oder vom „größten" Glück die Rede ist oder von etwas „Kostbarem", von der „Freude" – oder einfach vom „Wichtigsten".

Dies wie auch immer formulierte „Gute" bekommt nun aber eine sehr persönliche Note: Den Beter interessiert nicht das „Gute an sich", sondern „für mich". Er bringt sich selbst mit ins Spiel. Er kennt die Spannung, die sich zwischen Vers 2 („Ich aber wäre fast gestrauchelt") und Vers 17 („...bis ich ging in das Heiligtum Gottes") ereignet. Er bekennt seinen Glauben, seine Gottesbeziehung als Bilanz seiner eigenen Krise.[8] Er hat schweres Leid ertragen müssen. Gleichzeitig war er mit der Beobachtung konfrontiert, dass es denen besser geht, die sich längst von Gott entfernt haben. Das Ergebnis: Not und Anfechtung bei dem, der am Bekenntnis festhält: „Gott ist dennoch Israels Trost" (V. 1). Psalm 73 ist zu Recht immer wieder als Hiob-Psalm bezeichnet worden. Zwar findet er im Neuen Testament erstaunlicherweise wenig Beachtung, aber er ist „wie kaum ein anderer Psalm eine gebetete ‚Verdichtung' des Leidens Jesu an den Menschen und vor allem an Gott."[9] Der erste Satz des Psalms („Gott gut für Israel") und der letzte („Gott gut für mich") gehören zusammen und umrahmen das Ganze. Der erste Satz stimmt mit der Erfahrung des Leides und der empfundenen Abwesenheit Gottes nicht überein. Der Beter weicht nicht aus, sondern stellt sich der Krise. Das

8 Vgl. die Auslegung von Klaus Teschner zum gesamten Psalm 73 in diesem Buch.

9 Erich Zenger, Psalmen, S. 227.

Nahen Gottes ist die Lösung – ein Satz der Verheißung und gegen das Erlebnis. Wenn Sätze der Verheißung angesichts negativer Erlebnisse ihre Kraft entfalten, werden daraus geistliche Erfahrungen. Geistliche Erfahrungen sind im Glauben an die Verheißung und im Nichtglauben an die Empirie gedeutete Erlebnisse.

Dass der Beter hier als Zeuge gegen den Trend auftritt, wird auch in einem kleinen aus einer Partikel und einem Personalpronomen zusammengesetzten Wort deutlich, mit dem der Vers 28 beginnt, das aber für die Jahreslosung nicht dazu genommen wurde. Es ist ein Wort des Protestes, des Kontrastes: „Aber ich." – „Was mich angeht" – „Ich aber", das sich auch schon in V. 2 und V. 23 findet. Bei der Diskussion über die sprachliche Darstellung der gewählten Jahreslosung war es bis zuletzt umstritten, ob diese Kontrastansage mit zitiert werden soll oder nicht.[10] Es sind wohl sprachliche Gründe gewesen, warum man darauf verzichtet hat. Für das Verständnis des Satzes im Kontext des gesamten Psalms ist das „Aber" durchaus hilfreich.

Glück – für andere

Auch wenn das „Für mich" stark betont ist, bleibt der Beter dennoch nicht der „Endverbraucher" des Glücks. Vielmehr will er es mit anderen teilen. Es kann nicht angehen, die Nähe Gottes zu erfahren und zu genießen und dabei zu vergessen, dass er gerade diejenigen sucht,

---

10 So ist es zu erklären, dass in einigen Veröffentlichungen die Jahreslosung auch mit dem Wortlaut zitiert wird: „Aber ich – Gott nahe zu sein ist mein Glück".

die in der Ferne sind. Von Gott her ist noch einmal neu zu bestimmen, was Gottesnähe und Gottesferne des Menschen bedeutet. Darum geht es dem Psalmbeter: Seine Bilanz der durchlebten eigenen Lebens- und Glaubenskrise wird zum Zeugnis für andere. Wie erfahren sie davon? Die Antwort finden wir in den Worten, die sich direkt an die Jahreslosung anschließen: „Bei Gott dem HERRN habe ich meine Zuflucht. Alle deine Werke will ich verkündigen." Luther deutet dies so: „Dass ich verkündige all dein Lob, d. h. ich bin bereit, wenns möglich wäre, alles zu verkündigen; denn so ist es des Herzens Wunsch und Andacht, wiewohl es unmöglich ist, alles Lob Gottes zu verkündigen. Man könnte auch so verstehen: ich will lauter Lob, d. h. nichts als Lob verkündigen."[11]

Rückblick

Die „Resonanzen" erwiesen sich tatsächlich als hilfreich zum Hören auf den ursprünglichen Ton. „Gott nahe zu sein" ist eine angemessene Übersetzung des hebräischen Textes, weil sie Raum lässt zur Beantwortung der Frage, wie diese Nähe zustande kommt und inhaltlich zu beschreiben ist. Weil und wenn Gott uns nahe kommt, können wir ihm nahen. Weil er uns hält, halten wir uns zu ihm. Gottes Nähe kann durchaus bedrängend sein, wenn er uns einen Auftrag gibt oder uns in Frage stellt. Wenn wir Gottes Nähe bezeugen, tun wir dies mit

11 D. Martin Luthers Psalmen-Auslegung, hg. v. Erwin Mülhaupt, 2. Band, Göttingen 1962, S. 411.

Sanftmut und Respekt und rücken niemandem „auf die Pelle". Denn auch andere sollen sagen können, wie wir es tun, dass Gottes Nähe „gut" für sie ist, ja dass Gottes Nähe ihre „Freude" ist, etwas „Köstliches", „das ganze Glück". Dies gilt schon jetzt – und es hat zugleich die Perspektive der Verheißung. Darum kann man die Gott-Nähe nicht nur kultisch, mystisch und sozial, sondern auch eschatologisch versehen. Jochen Klepper dichtete:

„Freut euch. Doch die Freude aller Frommen
kenne auch der Freude tiefsten Grund.
Gott wird einst in Christus wiederkommen!
Dann erfüllt sich erst der letzte Bund!
Er, der nah war, wird noch einmal nahen.
Seine Herrschaft wird ohn Ende sein.
Die sein Reich schon hier im Glauben sahen,
holt der König dann mit Ehren ein."[12]

12 „Freuet euch im Herren allewege" von Jochen Klepper, Evangelisches Gesangbuch (EG) 239,5. Nicht nur Gerhard Tersteegen (vgl. den Beitrag von Klaus Teschner in diesem Buch), sondern auch Klepper war ein Dichter und Sänger der Nähe Gottes (vgl. EG 379,2; EG 452,4; EG 486,9).

Auslegungen / Andachten

Deine Nähe ist mein Glück
Eine Meditation in sieben Strophen

inspiriert durch das Titelbild
von Inge Heinicke-Baldauf

Christina Brudereck

I. Erster Moment

Dein Lebensatem atmet in mir
Du hast mich ins Leben geliebt und beseelt
Ich bin dein Bild
Mein Leben ist deine Idee
Die Erde unter meinen Füßen ist deine Schöpfung
Der Himmel über mir meine Sehnsucht
Deine Nähe ist mein Glück

Dein Atem ist mein Atem
Ich bin durchlässig für deine Kraft
Mein Herz schlägt mit deinem
Ich sehe dich nicht, aber ich bin sichtbar für dich
Ich kann dich nicht beweisen, aber wünsche dich
Du redest nicht von Nähe, du stellst sie her
Diese Erfahrung ist gut für mich

Ich sehe dich in vielen Bildern
Vermisse dich an vielen Tagen

Verpasse dich trotz aller Zeichen
Suche immer wieder deine Zuneigung
Verstecke mich hinter Ausreden
Verleugne meine göttliche Herkunft
Dass du bleibst, ist mein Glück

Ich vergleiche mich mit anderen
Mit Reichen und Spöttern
Sie sind sorglos und gleichgültig
Sie sind stark, laut und unabhängig
Ihre Angeberei macht mich neidisch
Sie haben so viele Güter
Mein Gut ist deine Nähe

Ohne dich will ich nicht sein
Meine Taschen haben Löcher
Ich kann mein Geld nicht verewigen
Mein Gedächtnis hat Lücken
Ich kann mich nur schlecht an dich erinnern
Mein Herz ist ein Sieb
Es hält nicht, was du versprichst

Trotzdem bleibst du bei mir
Dennoch bleibe ich bei dir
Ich wiederhole es immer wieder:
Gottes Nähe ist gut für mich

II. Zweiter Blick

Dein liebevoller Blick ist mein Ansehen
Deine Berührung ist meine Berufung

Ich bin dein Bild
Meine Hand nimmt aus deiner
Dein Licht verleiht allem Glanz
Deine Farben spiegeln sich in meinen Augen
Deine Nähe ist mein Glück

Dein Atem ist mein Atem
Deine Lebensfreude füllt meine Lungen
Deine Treue lässt mein Herz weiter schlagen
Ich singe Lieder des Vertrauens
Meine Füße gehen über das Gras im Garten
Mein Kopf ruht in deinem Schoß
Ich berge mich in dir

Ich suche dich an vielen Orten
Mein Leben ist eine Wanderung
Du bist mein Weg
Mein Herz pilgert barfuß
Angelockt vom Heiligen
Verrückt vor Sehnsucht
Dass du dich finden lässt, ist Glück

Ich wende mich in alle Richtungen
Schiele nach links und rechts
Steige auf in höchste Höhen
Lasse mich herab in alle Tiefen
Entdecke viele Angebote
Finde keinen Halt, keine Heimat
Ich berge mich in dir

Ohne dich will ich nicht sein
Meine Ideale sind edel

Meine Kraft ist begrenzt
Meine Wünsche sind wild
Meine Liebe ist klein
Meine Zeit besteht in Ewigkeit
Du musst mich immer wieder wecken

Trotzdem hoffst du gründlich weiter
Dennoch halte ich mich an dich
Ich wiederhole es für mich und vor anderen:
Gottes Nähe ist gut für mich

III. Ferne

Deine Nähe ist mir fremd
Du bist auch ein Gott, der fern ist
Du bist zu weit weg
Zu unbegreiflich, unsichtbar
Zu anders als alle anderen
Ich ringe, sehne, suche, schreie
Deine Nähe scheint mir trügerisch

Deine Nähe ist mir zu viel
Sie wärmt mich
Muss ich verbrennen
Du bringst mich in heilige Gefahr
Deine Glut hält mich auf Abstand
Du bist zu nah
Deine Nähe ist mir zu viel

Du bist unbequem
Du willst das Leben unbedingt

Du verlangst so dringend nach Frieden und
Gerechtigkeit
Du brennst lichterloh
Erkennst mich bis auf den Grund
Aber ich verstehe dich oft nicht
Du triffst meine Sehnsucht mitten ins Herz
Aber du bist nicht zu fassen
Du forderst mich heraus
Du kostest mich jede Gewohnheit
Du rufst mich ins Leben
Dass ich auf eigenen Füßen stehe
Meine Beteiligung ist deine Art
Deine Leidenschaft überwältigt mich

Deine Nähe ist mir zu viel des Guten
So bist du bist fremd und fern

IV. Neue Nähe

Ich sehe dich in vielen Bildern
Im Spiegel der Liebe
Auf einzigartige Weise in Jesus
Bild des Unsichtbaren
Ikone aus Nazareth
Du weißt, was es heißt, ein Mensch zu sein
Du musst so entsetzliches Heimweh gehabt haben
Deine Nähe weiß, was mir nah geht

Deine Nähe findet mich von Geburt bis Tod
Ich bin ein Kind wie du
Du bist nackt wie ich

Du lebst mit Menschen wie ich
Eltern, Geschwister, Nachbarschaft
Religion, Freundeskreis, Heimat
Wir vertrauen uns anderen an
Geküsst, im nächsten Moment verraten
Überwältigt von Glück
Kaputt vom Schmerz
Ich hasse das Abschiednehmen wie du
Du willst den Leidenskelch vermeiden wie ich
Deine Nähe weiß, was mir nah geht

Ich sehe dich in den Armen
Du hast Hunger
Du bist auf der Flucht
Du wirst missverstanden
In die Enge getrieben
Du bist einsam wie gottverlassen
Du schreist zum Himmel

Du fragt, warum
Ob ein Gott ist
Ob Gott dich hängen lässt
Ob Gott etwa doch Opfer braucht
Ob Gott dich überhaupt hört
Ob Gott sich erbarmen wird
Ob Gott mit seiner Schöpfung zum Ziel kommt wie versprochen
Ob die Liebe wirklich stärker ist als der Tod
Du bist wütend, hilflos, enttäuscht
Du fragst
Deine Nähe weiß, was mir nah geht
Sie ist mein Glück

V. Nächster Moment

Du atmest in mir
Das hält mich lebendig
Unruhig ist mein Herz
Deine Ruhe erreicht mich
Du verbindest mich
Du verbindest die Zeiten, die Welten, die Wunden
Du verbindest uns

Gott, du Fern-Naher
In meiner Welt bist du altvertraut und fremd
In meinem Heute bist du Sehnsucht und Erfüllung
In meinem Hier bist du Heimweh und Zuhause
Dein Lebensatem atmet in mir
Wir sind verbunden
Hingewiesen aufeinander
Jesus, du großes Du
Du bist so menschlich, dass es göttlich ist
Bei dir erlebten Menschen Gottes Zuneigung aus nächster Nähe
Du erinnerst mich an meine Nächsten
Du bist es für mich

Gott, du Fern-Naher
Ich bin dein Bild
Du atmest in mir
Du bist weit mehr als ein Symbol, ein Wort, eine Idee
Du unterbrichst meine Wirklichkeit
Dein Reich ist mitten unter uns
Ich wiederhole es immer wieder
Gottes Nähe ist gut für mich

VI. Andere Sicht

Wir alle sind dein Bild
Unsere Haut und Farbe ist unterschiedlich
Aber innen haben wir alle ein Herz
Mutig, tapfer
Verzagt, gebrochen, müde
Schwarz und weiß, hart und verschlossen
Fasziniert, erobert, verliebt

Alle Menschen atmen
Einer allein weiß nur wenig von dir
Wir reihen uns ein in deine lange Geschichte
Leihen uns Worte von anderen
Glauben den Älteren ihre Gebete
Erahnen die neue Welt, die noch kommt
Sicher ist nur, du wirst uns überraschen

Ich sehe dich in vielen Bildern
In denen, die voller Gottvertrauen flehen
In denen, die suchen und suchen und suchen
In jedem Neugeborenen
In denen, die schenken
In den Großzügigen
In denen, die Nähe schaffen

Ich vergleiche mich mit anderen
Mit Heiligen
Sie haben etwas gefunden, das größer ist als sie selbst
Mit Kindern
Sie sind der Ursprünglichkeit noch so nah –
und damit dir

Mit Jesus
ich finde mich in ihm wieder
Seine Nähe ist mein Glück

Ohne dich muss ich nicht sein
Nirgendwo
Du bist überall
Gott der vielen Namen
Entdeckbar
Liebbar
Nahbar

Du bleibst bei mir
Mal meide ich die Fremde
Mal reise ich ihr begeistert nach
Nehme sie in mich auf
Freunde mich mit ihr an
Stets aber bleibe ich bei dir
Ich wiederhole es immer wieder:
Gottes Nähe ist gut für mich

VII. Wiederholter Blick

Du bist der Grund
Die Seele
Der Funke
Feuer, Licht, Kraft
Großes heiliges Trotzdem
Überwindung
Auferweckungsenergie

Du bist die Farben
Der Künstler
Der Ursprung des Bildes
Die Eltern
Hüter der Würde
Die Freundin
Das Leben

Deine Sterne leuchten über mir
Dein Himmel ist ein weites Zelt
Ich singe von guten Mächten
Ich weiß mich wunderbar geborgen
Meine Sicht wird erleuchtet von deiner Trostkraft
Deine Güte bewirkt neue Leichtigkeit
Du malst mich glücklich und befreit

Deine Blumen blühen neben mir
Deine Erde ist ein weiterer Grund zum Leben
Ich singe von einem Herz, das für dich grünt
Ich finde immer noch etwas, um zu loben
Mein Tag wird eröffnet von deinem Willkommen
Dein Verzeihen erreicht meine Vergangenheit
Du malst mich schön und erstaunlich stark

Du bist mein Atem
Das Herz
Der Hauch
Du liebst mich bis in Ewigkeit
Mein Gut ist deine Nähe
Deine Verheißungen sind meine Zukunft
Du holst mich immer wieder zurück in mein Leben
Deine Nähe ist gut für mich

Va-ani qirvat Èlohim li tov
But for me it is good to be near God
Le voisinage de Dieu fait mon bonheur
Gott zu nahen ist mir gut
Das ist meine Freude, dass ich mich zu Gott halte
Nähe Gottes ist mein Gut
Gottes Nähe ist gut für mich

Unverfügbar ist das Glück, unverfügbar ist auch Gott

Bausteine für eine Andacht

Tina Willms

Die Andacht ist im „Bausteinstil" erarbeitet, so dass man Teile weglassen oder auch hinzufügen kann. Die kursiv gedruckten Fragen können als Gesprächsimpulse verwendet werden.

I. Dir nahe zu sein ist mein Glück

Wer sagt solch einen Satz?
Menschen, die lieben, sagen einander das. Ich sehe sie vor mir, ihre Verbundenheit. Hände, die sich halten, Arme, umeinander gelegt, Haut an Haut. Augen, die leuchten, Gesichtszüge, zärtlich und gelöst.

Eine nahe, beglückende Beziehung bringt dieses Empfinden, diesen Satz hervor. Am Anfang kommt er leicht über die Lippen.

Wie ist es nach vielen Jahren? Es gibt Paare, die ihn auch dann noch sagen können. Obwohl es nicht nur die guten Zeiten gab, sondern auch die schweren. Vielleicht sind es sogar gerade die kritischen Momente, die man gemeinsam durchgestanden und bewältigt hat, die einen so sprechen lassen.

Es hängt an der Art der Beziehung, ob ich diese Worte sagen kann. Dabei kommt es auf die innere Verbundenheit an, auf das Vertrauen, die Tragfähigkeit, das Verständnis füreinander.

II. Gott nahe zu sein ist mein Glück – die Jahreslosung für 2014

Worte, die neben mir gehen, ein ganzes Jahr lang. Worte, die mich befragen und die ich befragen kann. Sie mischen sich in mein Leben ein, verändern mich, erzählen vom Himmel.

Gott nahe zu sein ist mein Glück. Kann man diesen jahrtausendealten Satz heute noch sagen? Kann ich ihn sagen?

Was ist das eigentlich, das Glück? Was sagt „man" darüber?

III. Informatives über das Glück

Das Wort „Glück", so erfahre ich im Herkunftswörterbuch, leitet sich vom Mittelniederdeutschen „gelucke" (ab dem 12. Jahrhundert) beziehungsweise vom Mittelhochdeutschen „gelücke" ab, was „Geschick, Schicksal, Zufall, günstiger Ausgang" bedeutet. Hier hängt der glückliche Ausgang nicht am Zutun des Menschen.

Das Wort „glücken" aber scheint in einer Beziehung zum Wort „gelingen" zu stehen. Darauf hätte der Mensch durchaus einen Einfluss.

Im Internet und in Zeitschriften lese ich, dass man den Stoffen auf der Spur ist, die das Glück im Gehirn verursachen: Oxytoxin, Serotonin, Dopamin. Drogen bewirken eine hohe Ausschüttung dieser Stoffe, ein intensives Glücksgefühl.

Wäre es erstrebenswert, auch dann glücklich sein zu können, wenn das Leben Anlass zur Trauer oder Verzweiflung gäbe?

Gehört zum Glück nicht auch das Gefühl, dass man es keinem Trug, keiner Lüge verdankt?

In der Tageszeitung lese ich von vier Faktoren, die beitragen zum Glück:

- Wissen um die eigenen Stärken
- Sinn erkennen in dem, was man tut
- Beziehung zu anderen Menschen
- positive Gefühle entwickeln: Freude, Dankbarkeit

Das legt nahe, dass man das Glücklichsein zumindest teilweise lernen kann. Eine Heidelberger Schule hat 2007 als erste das Schulfach „Glück" eingeführt. Auf dem Stundenplan stehen das Zusammenspiel in der Gemeinschaft, sich das Glück im Alltag bewusst zu machen, die eigenen Stärken und Schwächen zu entdecken und sich selbst Ziele zu setzen, sich im eigenen Körper wohlzufühlen, Gesundheit und Ernährung, Sport ohne Leistungsdruck, Theaterspielen.

IV. Der Volksmund über das Glück

Welche „geflügelten Worte" kennen Sie über das Glück?

„Glück gehabt!", sagt die Schülerin, die weiß, dass eine Arbeit unverdient gut ausgefallen ist. „Glück gehabt!", sagt ein Mann, der bei einem Unfall unverletzt blieb. Etwas ist gut ausgegangen, obwohl damit nicht zu rechnen war. Etwas hätte schlimm enden können, aber man ist davongekommen und atmet erleichtert auf.

„Glück und Glas, wie leicht bricht das." In meinem roten Poesiealbum steht dieser Satz. Seltsam der Kontrast zwischen den weisen Worten und der krakeligen Kinderschrift. Wer jung ist, dem erscheint das Glück stabiler, ja, vielleicht bemerkt er es gar nicht als solches, weil es so selbstverständlich erscheint. Erst im Nachhinein sehnt man sich nach der Unbeschwertheit zurück, durch die man den Inhalt dieses Satzes nicht zu erfassen vermochte: Flüchtig und unverfügbar ist das Glück, nicht zu halten. In einem Moment da, im nächsten zerbrochen. Nimm es behutsam in die Hände, mahnen die Zeilen. Schätze es, achte seinen Wert im glücklichen Moment.

Das wohl bekannteste Sprichwort zum Thema lautet: „Jeder ist seines Glückes Schmied".

Du kannst etwas tun für dein Glück, wird behauptet. Jeder Mensch kann seine Zeit, die Tage und Stunden gestalten und formen, so wie der Schmied das Hufeisen schmiedet. Bis das Leben exakt dem Entwurf entspricht. Ich: der Garant meines Glücks, eine Schmiedin der Wirklichkeit, die sich geschmeidig meinen Vorstellungen fügt.

Gern schriebe ich mir Erfolge selber zu. Doch wenn ich ehrlich bin, kann ich nur einen kleinen Teil davon mir selber zurechnen. Andere haben meinem Glück den Boden bereitet, der Zufall hat das Seine hinzugetan.

Gerate ich aber in eine Zeit der Not, in der mir Unheil widerfährt, ich krank oder kraftlos werde, da klingt dieses Sprichwort wie Hohn in den Ohren.

Nein, das Leben ist nicht gerecht, allzu oft bekommt man nicht, was man verdient. Es gibt keine Garantie für das Glück. In jedem Leben gibt es auch das andere: Schmerz, Krankheit, Ungerechtigkeit, Leid. Davor schützt weder die eigene Leistung noch Reichtum. Und auch der Glaube nicht.

V. Was sagt die Überlieferung über das Glück?

Hans im Glück

Warum nur heißt dieses Märchen so?, könnte man sich fragen. Es wären wohl auch andere Überschriften denkbar gewesen. Welche?

Das Märchen beginnt, wo andere enden. So hätte man es auch erzählen können:

Von einem, der ausgezogen ist, sein Glück zu suchen. Der hart gearbeitet hat, jeder ist seines Glückes Schmied. Und nun ist es soweit: Ein Klumpen Gold, groß wie sein Kopf, liegt in seinen Händen. Und er lebte glücklich und zufrieden bis an sein Ende.

Das Märchen aber setzt ein hinter dem Punkt, der ein Happy End sein könnte. Vielleicht ist das Glück kein Zustand, sondern ein Weg.

Auf diesem Weg sehen wir Hans von ferne. Er trägt seinen Klumpen Gold auf der Schulter, für den er sieben Jahre gearbeitet hat. Und nun beginnt er zu tauschen: Das Gold gegen ein Pferd, das Pferd gegen eine Kuh, die Kuh gegen ein Schwein, das Schwein gegen eine Gans, die Gans gegen einen Wetzstein.

Und bei jedem Tausch möchte man ihm zurufen: „Halt! Hans, überlege doch noch einmal! Ist denn ein Schwein so viel wert wie eine Kuh? Der haut dich übers Ohr!"

Hans aber, er hört es nicht. Er handelt spontan und unüberlegt. Und so scheint er viel eher in Richtung Unglück und Armut zu wandern als ins Glück. Zu guter Letzt fällt ihm der Wetzstein in einen Brunnen. Und Hans? Er weint nicht oder flucht, nein, er springt fröhlich davon, weil er seine Bürde los ist. Man möchte die Hände über dem Kopf zusammenschlagen: Hans, einen Klumpen Gold hast du gehabt, jetzt hast du gar nichts mehr!

Gehen wir etwas näher heran, begeben wir uns eine Weile an Hans' Seite, spüren wir selber den Weg unter den Füßen. Dann wird er lang und länger und die Beine schwer. Ich fühle die Sonne auf der Haut, einmal leicht, einmal stechend, fühle den Wind, sanft oder auch stürmisch, spüre den Regen, erfrischend, aber auch hart und kalt.

Hans' Gedanken, sie klingen hinüber zu mir, wenn ich neben ihm gehe:

Der Goldklumpen, er drückt auf den Schultern. Wie schön wäre es, auf einem Pferd zu sitzen und den Wind in den Haaren zu spüren.

Das Pferd, herrlich, auf ihm zu reiten. Doch dann wird es bockig und wirft ihn ab. Eine Kuh wäre besser, gerade dann, wenn man durstig ist. Sie gäbe Milch. Und Käse und Butter.

Ihr Fleisch aber wird trocken schmecken. Und so geht es weiter. Kuh gegen Schwein, Schwein gegen Gans, Gans gegen Wetzstein.

Immer scheint das, was er im Tausch bekommt, von außen betrachtet, weniger wert zu sein als das, was er gibt. Geht man neben Hans, sieht es anders aus.

Etwas ist zu schwer, etwas passt nicht mehr zu mir. Ich brauche etwas gar nicht oder nicht mehr. Anderes ist wichtiger. Vielleicht ist es gegen die Vernunft, aber gut für mein Glück, wenn ich es loslassen kann.

Und Hans? Am Ende hat er gar nichts mehr als den Geschmack frischen Wassers auf seiner Zunge. Gut, dass er den Ort kennt, an den er kommen kann, ohne etwas vorzuweisen. Das Haus der Mutter, es könnte ein Bild für den Himmel sein.

VI. Und Sie? Was ist „Ihr Glück"?

Wie würden Sie es beschreiben? Wann waren oder sind Sie glücklich?

Wie fühlt es sich an, glücklich zu sein? Verändert sich das Glück im Laufe des Lebens?

Ich versuche, ein paar Anhaltspunkte zu setzen:

Es gibt das „große" Glück. Die Erfahrung, überwältigt zu werden. Von der Liebe etwa. Dann wird der andere zum eigenen Glück. Oder, wenn ein Kind geboren wird und das Leben mir begegnet und mir ins Gesicht schaut.

Es gibt das „kleine" Glück. Das unerwartete Geschenk am Wegesrand. Die Farbe des Klatschmohns, ein unerwartetes Lächeln, das mich trifft. Sehe ich es? Sind meine Sinne geschärft dafür?

Manches Glück ist mit dem Erfolg verbunden. Ich habe mich angestrengt, habe Kraft, Zeit und Phantasie eingesetzt und nun ist etwas daraus geworden.

Andererseits gibt es ein Glück, das gerade aus dem Loslassen entsteht, ich sehe ab von mir, meinen Sorgen und Möglichkeiten, und gewinne Vertrauen ins Leben. Manchmal verändert sich das Glück: Heute brauche ich Anderes als vor zehn, zwanzig oder dreißig Jahren.

Ohne die Erfahrungen, die ich gesammelt habe, hätte ich das nicht herausgefunden.

Es gibt auch ein Glück als Bilanz im Blick auf das Ganze. Ein Staunen über das, was gewachsen und geworden ist im Laufe der Jahre. Ich höre auf zu vergleichen. Ich kann sagen: Mein Leben war und ist gut, so wie es ist.

Einerseits unverfügbar – andererseits durchaus nicht unabhängig von uns.

Wir können manches in die Hände nehmen, um das Glück einzuladen. Wir können ihm den Boden bereiten – aber sicher sein, dass es sich einstellt, können wir nicht.

Vieles liegt an der Wahrnehmung: Kann ich das Glück sehen? Kann ich mich ihm öffnen, obwohl ich weiß, wie zerbrechlich es ist? Spüre, ja, wage ich es trotz des vorweggenommenen Schmerzes, dass es doch vergehen wird?

Das Glück hat viele Erscheinungsformen. Was aber hat es mit Gott zu tun?

Der Beter fügt dem Begriff vom Glück etwas hinzu, wenn er sagt: Gott nahe zu sein ist mein Glück.

VI. Gott nahe zu sein ist mein Glück

Spielt Gott in meinem Glücksempfinden eine Rolle?

Es gibt Menschen, die gut ohne Gott glücklich sein können. Der Psalmbeter gehört nicht zu ihnen. Aber so richtig glücklich scheint auch er nicht zu sein. Er ist angefochten.

Den Gottlosen geht es gut und ihm selber schlecht. Es ist die alte Erfahrung: Die Welt ist ungerecht. Auch gegenüber dem, der glaubt.

Der Beter hofft darauf, dass Gott die Gottlosen zunichte macht. Es ist, als gewönne er aus der Perspektive, dass sich die Verhältnisse umdrehen werden, schon ein gewisses Glück.

Aber was hätte er davon? Ginge es ihm besser, weil es den anderen schlechter geht? Macht Genugtuung glücklich? Sie hat einen bitteren Beigeschmack, scheint mir.

Nein, es muss anders gehen. Nicht auf Kosten derer, die anders denken, anders oder auch gar nicht glauben. Nicht einmal zu Lasten derer, die Böses tun. Die Verhältnisse ändern sich gerade nicht, wenn ich selber oder ein anderer, womöglich Gott, für mich mit gleicher Münze heimzahlt.

Was könnte das Glück sein, das durch Gott ins Leben kommt?

Die Erfahrung des Beters reicht ja bis ins Heute: Das Leben bleibt ungerecht, auch, wenn ich glaube. Wer für einen Sechser im Lotto betet, erhöht nicht die Wahrscheinlichkeit, ihn auch zu bekommen. Mein Glaube schützt mich nicht vor den Härten des Lebens, er schafft kein äußeres Glück.

Vielleicht gibt es jedoch einen Zusammenhang zum inneren Glück. Zur Weise, wie ich auf die Welt schaue, mich in ihr fühle, sie und mein Leben darin deute. Was im Allgemeinen gilt für das Glück, würde dann auch im Blick auf den Glauben gelten. Ich kann die eigene Wahrnehmung dafür schulen, kann mich einüben darin.

Der Glaube an Gott, vielleicht Gott selbst aber fügt noch etwas hinzu, das ich selber mir nicht geben kann. Ich will eine Annäherung versuchen, was das sein könnte.

„Dir nahe zu sein ist mein Glück". Bevor ich es zu Gott sage, hat er es schon zu mir gesagt. Seine Liebe ist voraussetzungslos, ohne Vorbedingung. Und sie gilt auch dann, wenn ich nichts (mehr) leiste, leisten kann.

Manchmal gibt es Zeiten, in denen ich das durchbuchstabieren muss. Eine Krankheit, eine tiefe Trauer, Erschöpfung. Momente, in denen ich mutlos in der Sonne sitze und versuche, Gottes Liebe für mich gelten zu lassen. In dunklen Tagen ist das trotz allem eine beglückende Erfahrung: Die Liebe Gottes, auch die anderer Menschen, hängt nicht an dem, was ich geben kann. Ich kann mich an sie anlehnen, ohne selber etwas vorzuweisen. Eine solche Liebe eröffnet mir den Raum, mich mit dem zu versöhnen, was nicht gelungen ist, was ich nicht leisten kann, was ich nicht bin, obwohl ich es gerne wäre.

Aus Gottes Liebe zu mir wächst meine Liebe zu anderen. Es macht einen Unterschied, ob ich aus meiner eigenen Kraft lebe oder aus seiner. Ob ich die Quelle bin oder er es ist. Vielleicht ist es erst möglich, das zu sagen, wenn man am Rand der eigenen Kraft gestanden hat und gespürt hat, sie ist erschöpft, ich selber bin es mit ihr.

Manchmal, so scheint es mir, schimmert durch Menschen, die an solch eine Grenze gelangt sind, die Liebe Gottes in besonderer Weise hindurch, weil sie seine Kraft in sich mächtig sein lassen und sie hindurchfließen lassen durch sich selber.

Es ist ein Glück, Gott auf diese Weise nah zu sein und das, was er schenkt, weiterzugeben.

Auch meine Sicht auf die Welt verändert sich, wenn ich sie mit Gott in Verbindung bringe. Ich nehme das Leben nicht als Selbstverständlichkeit wahr, sondern als nicht zu erwartendes, verwunderndes Geschenk. Ich freue mich über Farben und Duft, über das frische Grün der Buchen im Frühling und auch die alte Eiche, an die ich mich lehnen kann. Ich achte das Leben und ich solidarisiere mich. Ich höre der Nachbarin anders zu und unterstütze auch Menschen in der Ferne, die Hilfe brauchen.

Und schließlich finde ich durch Gott einen Sinnzusammenhang, in den ich mein Leben einordnen kann und der doch über mich hinausgeht. Ich bin umgeben und getragen von seinem Leben, das in die Ewigkeit reicht. Dort werden Schmerz, Leid und Geschrei verstummen und der Tod wird nicht mehr sein. Diese Aussicht treibt mich an, etwas zu verändern, ohne von mir und anderen zu erwarten, dass wir den Himmel auf Erden erschaffen müssten.

Ich setze mich ein mit meiner begrenzten Kraft. Und lasse los, was mich überfordert. Gottes Kraft ist größer als meine eigene, und sein weit reichendes Leben birgt meines in sich.

Gott nahe zu sein, ist mein Glück.

Unverfügbar ist das Glück, unverfügbar ist auch Gott. Aber er lässt sich befragen von diesem Satz: Bist du da, Gott, bleibst du nah, in meinen Lebenstagen und auch, wenn der Tod nach mir greift?

Und er befragt mich. Bist du da, Mensch? Lässt du dich ein auf die Nähe zu mir? Nimmst du deine Verantwortung wahr für die Liebe, das Leben?

Ein Jahr lang geht diese Jahreslosung an meiner Seite, als Frage, als Freundin. Ich bin gespannt, was wir miteinander erleben werden.

Psalm 73: Bilanz einer Krise

Bibelarbeit

Klaus Teschner

Der Schalom der Gottlosen

Wer an Gott glaubt und seine Gebote ernst nimmt, dem müsste es eigentlich gut gehen – wie „einem Baum, gepflanzt an den Wasserbächen, der seine Frucht bringt zu seiner Zeit, und seine Blätter verwelken nicht. Und was er macht, das gerät wohl" (Psalm 1,3).
Aber nun sieht die Wirklichkeit oft anders aus. Manche machen die Erfahrung: Ohne Gott geht es ganz gut, ja sogar besser, leichter und lockerer. Dieses „Wohlergehen" der Gottlosen – im hebräischen Text steht „Schalom" – macht den Beter unseres Psalms geradezu verrückt. Wenn Gottes Güte in dieser Welt so ungerecht verteilt ist, wozu sollen dann Treue und Glauben noch gut sein?
Solche Empörung können wir nachvollziehen. Wer bei der Stasi war, bezieht eine gesicherte Rente, wem aber als Christ das Abitur verwehrt wurde und wer in einen karitativen oder kirchlichen Beruf ging, der musste erst noch um die Anerkennung seiner Berufsabschlüsse kämpfen! Oder in der Zweidrittel-Welt: Eine Präsidenten-Familie, die ein ganzes Volk ausgeplündert hat, lebt auf Hawaii ganz gut von Schweizer Konten, viele Filipinos dagegen auf einer Müllkippe oder auf den Straßen

von Manila. Die Rechnung mit der Güte und Gerechtigkeit Gottes geht nicht auf!

Protokoll einer Krise

Am Anfang und am Ende des Psalms steht der Beter zwar fest zu Gott, aber dazwischen hat er ganz schlimme Wackel-Phasen: „Beinahe hätte ich den Boden unter den Füßen verloren“ (V. 2). Daher hält er für sich selbst und für andere zur Erinnerung und zur Belehrung fest, was ihm in Zeiten der Anfechtung durch den Kopf gegangen ist. Er erzählt, was ihn ins Herz geschnitten hat, und nennt Beobachtungen, die zu innerer Verbitterung führten, aber schließlich doch zu einer Festigung und Bekräftigung seines Treueverhältnisses zu Gott: „Dennoch bleibe ich stets an dir“ (V. 23).

Dieser dornige Weg zum Dennoch-Glauben ist typisch für Israel im Gegenüber zur Völkerwelt (V. 1) und typisch auch für die Gesetzestreuen gegenüber einer zunehmenden Zahl von gleichgültigen Gottlosen. Wir folgen dem gut geordneten Gedankengang des Psalms.

Gesammelte Beobachtungen (V. 4–12)

Nach der Problemanzeige (V. 1–3) nehmen die Beobachtungen des Beters den größten Teil des Psalms ein: In neun von 28 Versen wird Material über die Gottlosen gesammelt. Teils ist es Belastungsmaterial über ihre Rücksichtslosigkeit, teils sind es aber auch Erfolgsmeldungen, die neidisch und eifersüchtig machen. „Die Gottlosen“, das sind offenbar die, die ohne Gott gut durchkommen und vorankommen. Sie machen einen gesunden Eindruck, sind fett und fröhlich. Selbst mit unfairen Mitteln – „Frevel“ in Vers 6 meint „Gewalt“ – kommen sie gut durch, und ihre Sprüche kommen gut an. Sie haben die Mehrheit auf ihrer Seite. Kurzum: Ihnen gelingt einfach alles. Gott stört sie dabei wenig, denn der scheint nichts zu merken, der kriegt das alles nicht so richtig mit. Und einen Gott, der scheinbar nichts registriert und alles vergisst, den kann man ja auch selbst vergessen (vgl. Psalm 10,11; Hesekiel 8,12). Wie ritzte es ein Schüler im Ruhrgebiet spöttisch auf eine Schulbank: „Gott ist nicht tot, er will sich nur nicht engagieren!“

Die Gottlosen sind also nicht die theoretischen Atheisten, die Gott weg-argumentieren, sondern die Skrupellosen, die ihr Leben ohne Rücksicht auf Gott und andere Menschen riskieren. Man muss sehen, wie man durchkommt – und siehe: es geht! Das Leben gelingt auch ohne Gott sehr gut, und davon ist der Beter zunächst fasziniert und irritiert.

Vorübergehende Verwirrung (V. 13–17)

Wozu soll der Glaube gut sein, wenn er nichts bringt, außer täglicher neuer Plage (V. 13–14)? Wozu soll Gewissenhaftigkeit gut sein, wenn sie nur Nachteile bringt? Vielleicht betet hier einer, der jeden Morgen neu seine Krankheit am eigenen Leibe spürt, ein Hiob ohne Freunde: ohne Beratung, aber voller Empörung.

Drei Perspektiven helfen dem Beter aus seiner Verwirrung:

- die Erinnerung an die Geschichte der Kinder Gottes,
- die Begegnung mit Gott und seiner Gemeinde im Tempel,
- die Beherzigung des Endes der Gottlosen.

Auf diese Weise bekommt er andere Maßstäbe, so dass „das Modell der Skrupellosen plötzlich seinen Reiz verlor“ (Othmar Keel). Es kann doch nicht wahr sein, dass alle, die sich zu Gott gehalten haben, falsch gelegen haben! Und dann das Ende – das gibt am meisten zu denken.

Erneute Wahrnehmung: Schau zweimal hin! (V. 18–22)

Angesichts des Todes geht er das Leben der Gottlosen noch einmal beobachtend durch. Das gute Leben geht vorbei. Es war alles eine flüchtige Übergangserscheinung, wie ein Traum. Es war alles nichts. Ein „Ende mit Schrecken“ muss zwar nicht heißen, dass alle Gottlosen ein schreckliches Ende haben – im Gegenteil: Der Beter selbst rechnet damit, dass auch ihm Leib und Seele verschmachten können (V. 26). Nein: Ein Ende mit Schrecken, das ist das verschwundene Leben, ein Leben ohne Erinnerungswert für Gott.

Das System der Prahler platzt am Ende. Es gibt für die Gottlosen kein „Danach“ (so ist „Ende“ in den Versen 17 und 24 zu übersetzen). Wer ohne Gott angetreten ist, muss auch ohne Gott abtreten. Es bleibt ein großes Fragezeichen.

So macht sich der Beter nachträglich Vorwürfe. Er kommt sich vor wie ein „Hornochse“, dem in innerer

Erbitterung und Selbstvergiftung jeder Durchblick fehlte. Ich kann doch nicht so reden und rechnen, so kurzfristig kalkulieren wie die, die Gott ausklammern. Dann hätte ich mich in Ewigkeit verkalkuliert.

Festigung und Bekräftigung (V. 23–28)

Von der Faszination und Konfusion kommt es schließlich zur Konfirmation: Ich halte mich zu Gott (V. 28), weil ich gehalten werde (V. 23). Ich werde nach einem abgelaufenen Leben noch genommen und angenommen (V. 24): ein Ende in Ehren. „Der Fels meines Herzens und mein Anteil ist Gott – für immer" (V. 26). Das heißt: Auch am Ende, wenn die Kräfte des Leibes und des Gemütes zerbrechen und auseinanderfallen, gibt es noch Baugrund für das Herz, Bleiberecht und Wohnrecht bei Gott, für alle Zeit. Das ist dem Beter wichtiger als Himmel und Erde.

Er tröstet sich also nicht mit der ewigen Strafe der Gottlosen. Er rechnet auch nicht Zeit und Ewigkeit gegeneinander auf. Er fragt sich und andere nur: Wo willst du am Ende bleiben? Ohne Gott wirst du in der Tat sein „wie Spreu, die der Wind verweht" (Psalm 1,4). Das ist keine gute Perspektive. Jeder Mensch muss doch eine Antwort finden auf die Frage: „Wer nimmt mich am Ende noch, gebraucht und verbraucht, wer nimmt mich an und auf, wenn ich am Ende bin?" Denn so lehrt es der Weisheitsspruch: „Der Ausgang einer Sache ist besser als ihr Anfang. Ein Geduldiger ist besser als ein Hochmütiger" (Prediger 7,8).

Das Ende eines berechnenden Lebens

Man kann an den Glauben herangehen mit der Frage: Was habe ich davon? Was kommt dabei heraus? Die Zeit gewinnen und die Ewigkeit verlieren – so kurzsichtig wollten die Leute früher nicht kalkulieren. Aber wie ist es, wenn die Sehnsucht nach der Ewigkeit gar nicht mehr da ist, wenn an ihre Stelle das „Verlangen nach Verlöschen" (Reinhold Schneider) tritt? Dann fasziniert das, was man heute schon kriegen kann, umso mehr. Ende offen. Ziel egal.

Der Glaube an Gott gilt für Zeit und Ewigkeit. Wer sich heute schon auf Gott verlässt, der kann sich ein Leben ohne „ewigen Fels" (Jesaja 26,4) nicht vorstellen. Er fragt die Gottlosen, wie man nur so heimatlos und ziellos leben kann.

ZUM NACHDENKEN UND BESPRECHEN

- Die „Dreiecksgeschichte" des Psalms lebt von der inneren Spannung „Ich" – „Du" – „Sie"!
- Wie spiegelt sich ihre Bewegung in Aufbau und Sprache wieder?
- Wo und wie entspricht dies der Bewegung/den Bewegungen unseres Lebens?
- Eifersucht und Neid sind Gefühle, die sich Christenmenschen nicht gern zugestehen.
- Woher und wie kennen wir sie?
- Was hindert uns, sie zuzulassen?
- Was gibt ihnen recht?
- Was verändert sie – und was verändern sie?

- Reden und Tun der „Gottlosen“ sind stimmig. Der Beter hingegen leidet an der Diskrepanz zwischen Glauben und Erleben.
- Welche Ursachen hat das?
- Welche Konsequenzen?
- Welche Realitätsebenen stehen hier gegeneinander?
- Das „Dennoch“ des Psalms ist durchlitten und erkämpft, zugleich aber auch ein überraschendes Geschenk.
- Können wir solche „Wende-Erfahrungen“ erzählen?
- Wird und bleibt das „Dennoch“ begründet?
- Der Psalm mündet in eine große Hoffnung ohne plattes Happyend. – Wie kann solche Hoffnung unsere Wirklichkeiten verändern, erträglich (oder auch unerträglich und veränderungsbedürftig) machen?

Jesus stört das System

Überlegungen zu Gottesnähe und Gottesferne

Burkhard Weber

Menschen sind menschennah. Menschen sind gottfern. Jesus ist gekommen, um die Gottferne der Menschen zu heilen. Wenn die Gottferne behoben ist, werden Menschen auf neue Weise menschennah. Diese Aussagen klingen zwar etwas vereinfachend, sind aber wohl kaum grundsätzlich falsch. Überhaupt: Die Darstellung von Glaubensinhalten, wie wir sie in Dogmatiken finden und wie ich sie mit guten Gründen im theologischen Unterricht lehre, ist zumeist auch nicht grundsätzlich falsch, sondern (viel öfter als unterstellt!) grundsätzlich korrekt. Aber eben auch nur korrekt und wenig lebendig.

Von dem Berliner Systematiker Johannes Wirsching (1929–2004) habe ich den Satz: „So wie Jesus war, hat ihn keiner gewollt". Was zunächst wie eine hingeworfene Floskel lautet, erweist sich bei genauerem Nachdenken als eine kluge systematische (oder eben auch unsystematische) Formel.

Störfall Jesus

Jesus stört das System. Er war anders, als die damals auf den Messias Wartenden ihn gewollt haben. Er war aber auch anders als das Bild, das seine eigenen Freunde sich von ihm, ihn vereinnahmend, machten. Er blieb anders gegenüber den Erwartungen, aber auch den Befürchtungen seiner damaligen Zeitgenossen. Und natürlich ist er anders, als es die kirchlich-systematische Theologie in ihre (notwendigen) Lehrsätze presst. Und erst recht anders, als es manche angeblich kritischen (aber oft so banalen) Jesus-Bücher einem suchenden Publikum suggerieren. Zum Glück gibt es auch heute Jesus-Bücher, die seine Geschichte als Störfall für die menschlichen Einordnungsversuche beschreiben.

Die beste Quelle für diese Darstellung des Lebens Jesu, den so keiner gewollt hat und will, sind die erzählenden Texte des Neuen Testaments. Narrative Theologie ist etwas ganz anderes als phantasiebeladene, manchmal eher peinliche Ausschmückung der Jesus-Geschichte in unseren Predigten. Narrative Theologie ist im Tiefsten dialektische Theologie, auch wenn diese Begriffe normalerweise nicht in einem Atemzug genannt werden.

Unter dialektischer Theologie verstehe ich in diesem Zusammenhang, dass eingefahrene Begriffe immer noch einmal wahrzunehmen, zu reflektieren, unter Umständen gegen den Strich zu bürsten und in Beziehung zu gegensätzlich scheinenden zu stellen sind. Aber nicht aus einer theologischen Spitzfindigkeit heraus, sondern aus der Beobachtung von Spannungen, die sich bei genauer Lektüre der neutestamentlichen Texte geradezu aufdrängen. Von Jesus darf man eben nicht nur in einem Satz sprechen.

Menschen sind menschennah. Menschen sind gottfern. So richtig diese eingangs genannten Sätze sind, so sehr sind sie auch umgekehrt zu formulieren. Menschen sind menschenfern. Menschen sind gottnah. Das ist zunächst noch nachvollziehbar. Erst die Zuspitzung zeigt die Provokation, wenn nämlich der Begriff „Mensch“ differenziert wird und wir zwischen Menschen in der Nähe Jesu („Christen“) und Menschen fern von Christus („Nichtchristen“) unterscheiden. Hier also die Zuspitzung: Christen sind menschenfern. Nichtchristen sind gottnah.

Eine biblische Modell-Erzählung: Bartimäus

Da sitzt ein gewisser Bartimäus am Rand der Straße (Markus 10,46–52). Drei Probleme hat er. Er ist blind. Er ist ein Bettler. Er ist nicht auf dem Weg. Er ist also fern, quasi ein „Nichtchrist“. Aber er ruft, genauer: er schreit: „Jesus, du Sohn Davids, erbarme dich über mich.“ Ein besonders christologisch qualifizierter Schrei ist dies nicht. Stehen nicht andere Hoheitstitel für Jesus zur Verfügung? Und doch ruft er – später sogar noch lauter und intensiver. Er hat gehört, dass Jesus kommt. Glaube kommt aus dem Hören. Die Kenntnis des Bartimäus mag gering sein, aber er vertraut, dass das Gehörte zur Realität werden kann. Er benutzt die Sprache, die ihm zur Verfügung steht. Er hat noch keinen Glaubenskurs absolviert. Sein Schrei ist ein Glaubensbekenntnis in Form eines Kyrie. „Wir sind Bettler, das ist wahr“ (Martin Luther auf dem Sterbebett). Damit ist Bartimäus, dem Gott doch ohnehin nie fern war, auch aufgrund eigenen Bekenntnisses gottnah geworden.

Allerdings bekommt er neben seinen drei vorhandenen jetzt noch ein viertes Problem. „Sie bedrohten ihn, er solle stillschweigen.“ Von wem geht solche Bedrohung aus? Von den Menschen in der Nähe Jesu, von den gottnahen Begleitern, von den Jüngern, von den „Christen", die sich jetzt allerdings als ziemlich menschenfern erweisen, zumindest wenn es sich um einen Menschen abseits des eigenen Weges handelt. Die Situation ist „pervers". Der Blinde ist bereits sehend, obwohl es in seinen Augen noch schwarz ist. Die Sehenden in der Nähe Jesu sind blind, obwohl sie doch Jesu vorherige Taten gesehen hatten. Der „Nichtchrist" ist durch sein Bekenntnis gottnah. Die „Christen" sind durch die Abwehr des Bartimäus-Bekenntnisses, des Hilferufs, menschenfern – möglicherweise sogar gottfern.

So wie Jesus war, hat ihn keiner gewollt. Jesus – so könnte man weitererzählen, wenn man um den biblischen Bericht noch nicht wüsste – wendet sich nun dem gottsuchenden Bartimäus zu, legt ihm die Hände auf und heilt ihn auch noch körperlich. Den Menschen in seiner Nähe hingegen erteilt er einen Rüffel und signalisiert, die Dinge künftig lieber selber in die Hand nehmen zu wollen.

Jesus ist anders: Zum Glück!

Aber Jesus ist anders. Er wendet sich in dieser Geschichte keineswegs zuerst dem gottsuchenden Randsiedler zu, sondern den menschenfernen und damit auch in die Gottferne geratenen eigenen Wegbegleitern. Ihnen gilt sein Wort: „Ruft ihn her". Ihnen gilt neue Beauftragung. Ihnen, den vermeintlich Sehenden, die doch so blind sind, wird der Auftrag erteilt, einen Blinden, der in Wirklichkeit schon sehend wurde, zu Jesus zu rufen. Den Menschen in der Nähe Jesu gilt nicht nur diese Beauftragung. Sie bekommen auch die notwendigen Worte, die wie ein kurzer missionarischer Katechismus sind.

- **„Sei getrost"***:* Also Evangelium vor Gesetz. Also Rückgriff auf prophetische Sprache (Jesaja 40,1; Zefanja 3,16; Sacharja 8,15). Also eschatologischer Trost.
- **„Steh auf"***:* Also ein Satz von dem Auferstandenen. Also kein Appell an eigenes Aufstehvermögen (vgl. Markus 1,32; 2,11; 5,41; 9,27). Also Rede vom Auferstehen des neuen Menschen (Römer 5).
- **„Er ruft dich"***:* Also nicht „Wir rufen dich". Also kein Satz der Gemeinde, den sie von sich aus hätte. Also Rückgriff auf die prophetische Sprache von Jesaja 40,1. Also ein Signal, dass die Gemeinde ihre Beauftragung neu annimmt und neu definiert.

Und die körperliche Heilung?

Ach ja, dann wird ja Bartimäus auch noch körperlich geheilt und gewinnt sein Augenlicht wieder... Aber über körperliche Heilungen gibt es auch genügend andere Erzählungen. Ich frage, ob man diese Geschichte, die ich nur exemplarisch herausgreife, unbedingt immer nur unter dem Aspekt körperlicher Heilungswunder lesen muss. Geht es nicht auch um das Thema „Heilung der blinden Gemeinde" und damit um einen ekklesiologischen und missionstheologischen Horizont?

Liest man unter diesem Gesichtspunkt einmal das Neue Testament, entdeckt man eine Reihe anderer Geschichten mit ähnlicher Zielrichtung. Menschen in der Nähe Jesu hatten immer wieder ihre Schwierigkeiten mit denen, die angeblich weiter außen waren. Der Gichtbrüchige kann nicht zu Jesus wegen der Menge der auf Jesus Hörenden. Den Frauen und Kindern wird der Zugang zu Jesus durch die Jünger versperrt. Der heimkommende, ehemals verlorene Sohn trifft auf den daheimgeblieben verlorenen Bruder, der hoffentlich auch noch merkt, dass er wiedergefunden wird.

Vorsichtige Glaubensbekenntnisse als solche würdigen!

Die Anwendung auf die Gegenwart liegt auf der Hand. Wo gibt es vorsichtige, vielleicht noch unorthodoxe Glaubensbekenntnisse von angeblich „Gottfernen“ in unserer näheren oder weiteren Umgebung? Wie reagiert die sich in Gottnähe und Menschennähe wähnende Gemeinde?

Vor allem: Welche Rolle spielt in dem Ganzen der Jesus, den keiner so haben wollte, wie er ist? Er überwindet die menschlichen Einteilungsversuche von „Drinnen“ und „Draußen“. Er definiert neu, was fern und nah ist. Er stört die Systeme – sowohl der Gottsucher als auch der Evangeliumsverwalter.

Schließlich: Jesus kritisiert nicht, aber begnügt sich auch nicht damit, dass die Leute nur vom Hörensagen her ihre ersten Glaubensbekenntnisse bilden. Sondern er gibt seinen menschenfernen Wegbegleitern Worte, die andere Menschen aus ihrer wirklichen oder vermeintlichen Gottferne befreien sollen: „Sei getrost. Steh auf. Er ruft dich.“

Gott ist da – Gott ist nah – Gott sagt Ja

Eine Erinnerung an Gerhard Tersteegen, den Sänger und Dichter der Nähe Gottes

Klaus Teschner

Wir sammeln unsere Gedanken und Gefühle, unsere Pläne und unsere Sorgen unter eine Liedzeile Tersteegens, die zu den schönsten Klängen der deutschen Lyrik gehört und die in ihrer Schlichtheit und Zärtlichkeit mühelos über einen Graben von über 250 Jahren springt und uns unmittelbar anspricht.
Tersteegen betet:

Wie die zarten Blumen willig sich entfalten
und der Sonne stille halten,
lass mich so still und froh
deine Strahlen fassen
und dich wirken lassen.
(EG 165,6)

Der betende Mensch ist wie eine Blume, die von Gottes wärmenden Strahlen erweckt wird, die aus der Stille heraus zur Entfaltung kommt und durch Stillehalten vor der Sonne ihre Ausstrahlung für andere Menschen gewinnt. Farbe kommt in das Leben durch die Wärme und Liebe Gottes.

Was kann man Schöneres über die Erwärmung und Erweckung eines Menschenlebens vor Gott und durch Gott sagen? Dieses Bild von der Blume dringt noch tiefer in unser Gemüt als Luthers Bild vom glaubenden Menschen, dem es so gehe, wie wenn „ein Stein in der Sonne warm wird".

Wir denken dabei nach über
- die Suche nach Stille
- den Wohnort oder die Antreffbarkeit Gottes
- das Wirken und Wandern des Menschen

Die Suche nach Stille

Diese Suche zeigt sich beispielhaft an Tersteegens beruflichem Werdegang: Es gibt bei ihm noch nichts Auffälliges auf der Lateinschule Adolphinum in Moers, abgesehen von der exzellenten altsprachlichen Erziehung dort und der ausführlichen Unterrichtung in der deutschen und lateinischen Fassung des Heidelberger Katechismus.
Tersteegen hätte, wie sein Bruder, rheinischer Pfarrer werden können – als Sohn einer Bauern- und Kaufmannsfamilie, die vom Hof Steegen in Moers-Kapellen stammte. Aber der frühe Tod des Vaters (auch die Mutter verlor er mit 24 Jahren) führte zu einem anderen Weg. Tersteegen ging in die Kaufmannslehre nach Mülheim/Ruhr zu seinem Schwager Brink. Der war ein entschiedener Nichtpietist, nicht an der inneren Entwicklung seiner oder anderer Seelen interessiert: „Wer der Welt dienen will, muss ihr ganz dienen", soll sein Motto gewesen sein. So ließ er seinen Lehrling, wenn gerade nichts Eiligeres zu tun war, „leere Fässer im Hofe hin- und herrollen", eine schöne Versinnbildlichung für Leerlauf, ein Sisyphus an der Ruhr.

In diese Zeit fiel Tersteegens Erweckung durch Hauskreise des Theologiekandidaten Hoffmann, der, von der offiziellen Kirche getrennt, an der Erweckung und Führung einzelner Seelen arbeitete und sowohl zum frühen Pietismus (Theodor Undereyck) als auch zu dessen separatistischen Varianten Kontakt hatte.

Tersteegen ging seine berufliche Laufbahn zunächst weiter und begann wohl mit 20 Jahren ein eigenes Geschäft, aber nur für zwei Jahre. Dann brach er ab und suchte eine radikalere Form der Nachfolge. Um der Einsamkeit und der Konzentrationsmöglichkeit willen wählte er die Leineweberei und dann die Seidenbandweberei, wo er in der Nachfolge des „armen Lebens Jesu" von morgens 5 Uhr bis abends 9 Uhr (also 16 Stunden) bei einer Stunde Pause arbeitete und betete, um abends einige karitative Hausbesuche zu machen. Dieses zurückgezogene Leben war freiwillige Askese, aber über weite Strecken auch aufgezwungene, unentrinnbare Einsamkeit – z. B. bei Krankheitsschüben von drei Monaten Dauer, die er so gut wie ohne Besuch und Hilfe überstehen musste –, so dass ihm sein Seelsorger Hoffmann schließlich einen Hausgenossen, Ernst Sommer, und mehr Selbstschonung bei der Arbeit verordnete. Überhaupt wird man angesichts von zehn Jahren Redeverbot durch die Preußische Regierung in der Mitte seines Lebens (1740–1750) und angesichts von 13 kränklichen Jahren am Schluss seines Lebens (1756–1769) das Leiden und das Schweigen im Leben Tersteegens nicht schwer genug gewichten können.

Tersteegen wollte schweigen, konnte schweigen und musste schweigen – nicht in selbstgewählter Idylle, sondern im Kampf gegen gedankenlose Vernachlässigung durch andere Menschen und gegen geistliche Verdunkelung und Verwirrung seiner eigenen Sinne und Gedanken, in Sorge um Vernachlässigung durch Gott und in ständiger Erwartung von Erleuchtung und Erfüllung der Seele durch die Gegenwart Gottes. Die Schönheit seiner Sprache wurde mit vielen persönlichen Schmerzen bezahlt. Die Suche nach der Stille ist ein ständiger Kampf, das Ziel ist die selbstvergessene Anbetung.

Auch wenn die meisten von uns keinen meditativen Beruf haben und auch wenn wir manchmal meinen, wir könnten uns Stille vor Gott nicht leisten, so ist die Suche nach der Stille doch das entscheidende Lehrstück aus der Biographie Tersteegens. Ohne die Bereitschaft zur inneren Sammlung können wir alles andere vergessen. Es ist treffend, dass der große Goethe einige Jahrzehnte später in Faust I den Versucher und Satan Mephistopheles als einen Meister der Zerstreuung, als einen Kämpfer gegen die Stille, porträtiert. Nachdem nämlich der „Teufel“ den Vertrag mit Faust um dessen Seele – „Seele gegen Augenblicks-Glück! Meine Seele für ein Happening!“ – unter Dach und Fach hat, wendet er sich zur Seite und spottet über seinen ahnungslosen Vertragspartner: „Den schleif‘ ich durch dies wilde Leben, durch flache Unbedeutenheit“.

Es gibt in der Tat eine Macht in der Welt, die ein Interesse daran hat, dass wir nicht zur Stille kommen. Aber es gilt das Wort der Schrift: „Durch Stillesein und Hoffen würdet ihr stark sein“ (Jes. 30,15). Und es gibt die Erfahrung vor Gott: „Fürwahr, meine Seele ist still und ruhig geworden, wie ein kleines Kind bei seiner Mutter [...]. Israel, hoffe auf den Herrn, von nun an bis in Ewigkeit“ (Psalm 131, 2–3).

Der Wohnort Gottes oder die Antreffbarkeit Gottes

Aber was oder wen treffen wir nun in der Stille? Wo ist Gott zu Hause und wo ist er antreffbar? Der lebendige Gott ist ja das Herz aller Stille. Ohne ihn wäre die Stille dasselbe wie die Leere – und aus Angst vor Leere fliehen wir oft die Stille wie die Pest: „Er war schon lange nicht mehr zu sich selbst gekommen – er ahnte, was ihn da erwartete".

Es scheint bei Tersteegen zunächst so, als sei die Antreffbarkeit Gottes auf die konzentrierten Phasen in der Seelengeschichte des Menschen beschränkt, auf die Einkehr: Wenn alle Zerstreuung gewichen, alle Freude an den Geschöpfen geschwunden, alles falsche Selbstbewusstsein zerrüttet und abgeschüttelt ist und der Mensch sich Gott ganz überlässt, sich ganz fallen lässt – dann sei Gott ganz nah, ganz da.

In dieser äußersten Reduktion, wo alles andere verschwindet, findet die Seele Ruhe in Gott, ihr Ein und Alles, ihr inneres Vergnügen.

Auf einmal strahlt etwas auf:

- im Innersten
- im Dunkeln
- im Tiefsten des Menschen

„Nun kehr ich ein, Herr, rede du allein beim tiefsten Stillesein zu mir im Dunkeln", heißt es in Tersteegens Abendlied (EG 480,3).

Es waren diese dunklen Stollengänge wie bei den Kohleschürfern an der Ruhr und diese Alleingänge samt den mystischen Methoden der Seelenführung, die Tersteegen innerkirchlich verdächtig machten; hinzu kamen noch die Kontakte zu Konventikeln und Hausversammlungen z. B. in Mülheim, Solingen, Krefeld, Gruiten und Heiligenhaus, ein ausgedehnter Briefwechsel mit Christen unterschiedlicher konfessioneller Couleur bis hin ins ferne Pennsylvania und seine Vorliebe und Kennerschaft der spanischen katholischen Mystik. Wie stand eigentlich Tersteegen zur Antreffbarkeit Gottes in der Petrikirche, 150 Meter von seinem Arbeitszimmer in der Altstadt Mülheims entfernt?[13]

Wir spielen mit Tersteegen eine fromme Lotterie und lassen ihn seine Karte ziehen.

„Wo ist Gott zu treffen?“, fragen wir:

- ○ im Herzen?
- ○ in der Kirche?
- ○ in der Gruppe?
- ○ in der Krippe?

Tersteegen wird keine Sekunde zögern, es ist für ihn ganz klar: „In der Krippe!“

Gott ist im Fleische:
wer kann dies Geheimnis verstehen?
Hier ist die Pforte des Lebens nun offen zu sehen.
(EG 41,4)

13 In dieser Kirche wurde diese Predigt zum Tersteegen-Jubiläum am 16. November 1997 gehalten.

Das Innerste des Menschen ist nicht göttlich; es ist als solches nicht heilig; es muss erst noch „ein Heiligtum werden".
Aber es ist da im Menschen eine Unruhe, die nach Frieden sucht, eine seltsame Tiefe und Mitte des menschlichen Lebens, die von Gott zu Gott gezogen wird, wenn der Mensch dieser Zugkraft nachgibt, sie nicht durch Geschäftigkeit betäubt oder durch intellektuelle Behauptungen Gottes Wirksamkeit verscheucht. Es ist nicht leicht, skeptisch zu bleiben gegen die Vernunft in der aufgehenden Sonne der Aufklärung.

Es ist die Zeit eines kritischen Rationalismus, in der der Spötter Voltaire am Hofe Friedrichs des Großen (1740–1786) seine Sprüche klopft und der große König selbst kritische und skeptische Philosophie betreibt.

1762 sind Tersteegen die „Werke des Philosophen von Sanssouci" durch den Berliner Oberkonsistorialrat Hecker zugespielt worden. Hecker, der aus Essen-Werden stammte, hatte Tersteegens Hausversammlungen visitiert und für theologisch unbedenklich befunden. Tersteegen setzt sich mit den Bänden auseinander und fragt den König:

- Warum bleibt Er skeptisch? Wenn Er Gott nicht mit dem Verstande begreifen kann – dann sollte Er ihn auch nicht mit demselben Verstande leugnen und wegen seiner Wege tadeln! Warum gibt Er die Grenze der verstandesgestützten Argumentation nicht zu?
- Vielleicht habe Gott eine edlere Kraft in Ihn gelegt als den Verstand, um Gott zu suchen, nämlich die „Sehnsucht nach einem unendlichen Wohlstand", eine Sehnsucht, die alle haben, es sei denn, man sei

stumpfsinnig oder habe sie sich durch anhaltend starke Zerstreuungen des Kopfes und der Sinne aus dem Herzen geschlagen und ins Exil geschickt.

So wünscht der Seelsorger aus Mülheim dem König im Garten von Potsdam:

„0 ihr Gern-Philosophen von **Sans-Souci**/werdet doch erst Philosophen des **Grand Souci!**"[14]

Die ins Exil geschickte Sehnsucht nach Gott – und die wieder zugelassene Große Sorge um das Heil: Tersteegen konnte nicht nur die ohnehin Frommen führen und begleiten, sondern auch die Spötter provozieren und neugierig machen. Wo ist Gott also zu treffen?

In Jesus – und zwar, wenn dieser Jesus nicht nur verstandesgemäß aufgenommen oder abgewiesen wird, sondern wenn die Sehnsuchtsmitte des menschlichen Herzens auf die Mitte des Evangeliums trifft.

Alle großen Festtagslieder Tersteegens sprechen davon: Sein Weihnachtslied, das Himmelfahrtslied und besonders das Karfreitagslied machen deutlich, dass wir Gott in Jesus antreffen und nicht in unserm tiefsten Grund als solchem; darin könnte man auch versinken und versumpfen!

Wie bist du mir so innig gut,
mein Hoherpriester du,
wie teu'r und kräftig ist dein Blut,
es setzt mich stets in Ruh.

---

14 Sans-Souci (frz.) bedeutet: Ohne Sorgen (Name des Schlosses in Potsdam), Grand Souci: Der große Sorger (der sich um alles sorgt/kümmert, also Gott).

Zieh mich in dein versöhnend Herz,
mein Jesu, tief hinein,
lass es in aller Not und Schmerz
mein Schloss und Zukunft sein.

Gerade, wenn wir uns auf das eigene Herz konzentrieren, merken und erfahren wir:

„Gott ist größer als unser Herz“ (1 Joh 3,20). Unser Herz macht uns nicht gewiss – in Jesus ist Gott da, ist Gott nah, sagt Gott Ja!

„Er kam nie zu sich selbst. Er ahnte, was ihn da erwartete“, so könnte man die Fluchtbewegungen des modernen Menschen beschreiben.

„Er kam nie zu Gott, er wusste nicht, was ihm da entging, dass Gott schon längst auf ihn wartete“, so könnte man die missionarische Suchbewegung Gottes beschreiben, der uns allen nachgeht.

Vom Wirken und Wandern des Menschen

Lass mich so still und froh
Deine Strahlen fassen
und dich wirken lassen.
(EG 165,6)

Das Bild von der standorttreuen Blume, die sich entfaltet, passt gut zu Tersteegens Aktionsweise, der 52 Jahre seines Lebens in Mülheim an der Ruhr verbrachte.

Es kamen die Leute zu ihm, zur Seelsorge und zu Hausversammlungen, in denen er nach der Aufhebung des Verbots durch die preußische Kirchen-Zensur und trotz manchen Misstrauens der örtlichen Gemeinden und Reformierten Synoden (Duisburg) Ansprachen von zweistündiger Länge hielt; von 1754–1756 sind uns insgesamt 26 Predigten erhalten.

Es ist auch heute noch so: Wer aus der Stille kommt, hat etwas zu sagen, wer hört, gehorcht und gekämpft hat, dessen Wort hat Gewicht.

Aber Tersteegens Aktionsradius ging über die Mülheimer Versammlung weit hinaus: Er war ein Wanderprediger und Briefseelsorger, in Richtung Solingen, Wuppertal, er stand auch einmal in Krefeld bei den Mennoniten auf der Kanzel und reiste häufiger nach Holland. Er war nicht nur eine standorttreue Blume, er war auf Achse. Und das merkt man in manchen Kreisen bis heute.

Es ist seltsam, dass ein Segensstrom aufgrund von Versammlungen, Briefen und Büchern überhaupt über 250 Jahre fließen kann.

Tersteegen hat nicht, wie August Hermann Francke in Halle, ein Waisenhaus gegründet, obwohl Seelsorge und Leibsorge bei ihm immer zusammengehörten und er sich Rezepturen des Halleschen Arztes Richter schicken ließ, um seine Armenapotheke in Mülheim mit Heilmitteln zu füllen. Tersteegen hat keine Schule gegründet, obwohl seine Intellektualität hoch, seine Sprachkenntnisse groß waren; er hat zwar in der Otterbeck bei Heiligenhaus die Gründung einer evangelischen Kommunität gefördert – aber diese hat keine Schule gemacht.

Sein Charisma war: Er hat eine besondere Art des zärtlichen Umgangs mit der Seele des anderen gestiftet, er war ein großer Seelsorger und Seelenführer, dessen Segen bis heute nachwirkt.

Er war befreundet mit Separatisten, aber nie von der Kirche getrennt.

Er war ein interkonfessioneller, „überparteilicher" Christ, der als Reformierter in einem dreibändigen kirchengeschichtlichen Werk 50 katholische Heiligenleben zur Lektüre und Lehre für die eigene Lebensführung empfahl.

Aus angeblicher Passivität kam er zu großer Aktivität – über alle Grenzen hinweg. Er war mit Pfarrern befreundet und wurde dennoch von Pfarrern misstrauisch beäugt; er ging nicht zur Kirche, vielleicht doch bei der Taufe seines Patenkindes, eines Mülheimer Pfarrersohnes.

Es fällt uns schwer, seine Distanz zur so genannten offiziellen Kirche und zur öffentlichen Versammlung der Christen auszuhalten und nicht zu beschönigen; aber die konfessionellen Parteiungen und gerade erst ausgestandenen kriegerischen Auseinandersetzungen um den rechten Glauben ließen damals nicht gerade Vertrauen gegen das religiöse Establishment aufkommen.

Und dass Reformierte Generalsynoden (in Duisburg) mindestens so konsistorial und „klerikal" sein können wie nicht-synodal, also episkopal geordnete Kirchen, das kann man aus der Zeit Tersteegens schmerzlich lernen. Wie kann man nur mit der Polizei gegen Hausbibelkreise vorgehen! Vielleicht ist es nicht nur so, wie ich als Pietist bisher immer dachte, dass der Pietismus wegen mancher Überheblichkeit und Eigenbrötelei gegenüber der Kirche etwas gutzumachen hätte, sondern vielleicht ist da auch umgekehrt etwas gutzumachen. Wer Tersteegen feiert, muss endlich das innerkirchliche Misstrauen gegenüber dem Pietismus abbauen!

Aber es ist hier bis heute nichts bereinigt. Keine offizielle Entschuldigung der Kirche bei ihm – wir schmücken der Propheten Gräber und behaupten: Hätten wir damals gelebt, wir hätten uns anders verhalten.

Und es gab damals auch keine Rückkehr Tersteegens zum öffentlichen Gottesdienst und Abendmahl; seine Sturheit kann einen ebenfalls ärgern.

Höchstens gab es ein Einlenken: Er wolle kein Separatist sein, sondern zur „Herunterlassung" ermahnen, der Inkarnation Gottes entsprechend, auch von dem äußeren Religionswesen und dem Status quo der Kirche erwarten, dass dort Segen fließen kann.

Vielleicht kann es zu mehr nicht kommen – vielleicht muss es auch zu mehr nicht kommen: dass Tersteegen gegenüber dem kirchlichen Establishment kritisch bleibt, und wir, bei allem Respekt, kritisch gegenüber seiner frommen Absonderung, dass wir dennoch seine Lieder singen, gemeinsam vor Gott treten und uns dabei von ihm anleiten lassen.

Wir sind gemeinsam unterwegs in der Gewissheit unserer jeweiligen Platzanweisung. Diese liegt bei vielen von uns in total äußerlichen Berufen. Diese liegt für viele von uns in der äußerlich sichtbaren Kirche!

Und doch wollen wir in unserm Stand nicht wie jener Lehrling auf seiner ersten Stelle in Mülheim sein, der leere Fässer auf dem Hofe hin- und herrollte, sondern wir wollen etwas Wesentliches erkennen – das geht nur *in* der Stille; und etwas Wesentliches tun – das kommt *nur aus* der Stille vor Gott.

Entwürfe/ Anstöße für Gruppenarbeit

Auf der Suche nach dem Glück...

Entwurf für eine Gruppenstunde (ab 15 Jahren)

Sabine Herwig

Was ist das eigentlich, Glück? Im Moment würde ich sagen: Mit einem Eiskaffee auf dem Balkon sitzen an einem wunderbaren Sommertag, der von einer leichten, erfrischenden Brise begleitet wird, die 27 °C erträglich macht. Momentaufnahme: genau hier und jetzt.

Können wir das Glück finden wie den sagenumwobenen Goldtopf am Ende des Regenbogens? Oder findet das Glück uns? Können wir danach streben – und wenn ja, wie gut sind die Erfolgschancen? Schließlich will man nicht umsonst ein Streber sein. Gibt es sie tatsächlich, die sogenannten Glückspilze und Pechvögel? Ist Glück nur ein Hormon namens Dopamin? Haben wir Glück, weil wir – weltweit betrachtet – in luxuriösen, abgesicherten Verhältnissen leben – und fühlen wir uns auch so? Oder haben wir Glück, wenn unsere Familie an der Elbe zwar evakuiert wurde, aber niemand im Hochwasser umgekommen ist? Ist der Afrikaner in seiner materiellen Armut glücklicher als wir in unseren Eigenheimen? Manchmal scheint es so. Sind Christen die glücklicheren Menschen?

Naja, kommt drauf an, was für welche von denen man trifft. Manchen steht das Glück der Auferstehung ins Gesicht geschrieben, manche leiden scheinbar schon auf Erden Höllenqualen. Wo finden wir Glück? Ich: an einem Strand, 30° C im Schatten, feinster Sand und lebendige Wellen, in die ich mich hineinwerfen kann. Mein Mann: überall, nur nicht bei 30° C am Strand. Und trotzdem ist eine glückliche Ehe möglich – meistens.

Und schon sind wir mittendrin in der Jahreslosung für 2014! Hier noch mal für alle Fälle:

„Gott nahe zu sein ist mein Glück" (Psalm 73,28a).

Das klingt bestechend einfach – ein Bibelvers, der mir erst mal guttut und den ich problemlos bejahen kann. In dem so vieles anklingt. In dem jeder wahrscheinlich andere Situationen seines Lebens vor Augen hat. Und doch ist dieser kurze Halbsatz herausfordernd, vielseitig und sogar eine Art Bestandsaufnahme meines Christseins.

Einstieg

Es werden Dreiergruppen gebildet.
Jede Gruppe erhält einen groß gedruckten / gemalten Begriff auf einem A3-Papier:

Gruppe 1: Glück; Gruppe 2: Nähe; Gruppe 3: Gott usw.

Nun hat jede Gruppe kurz Zeit, zu diesem Begriff alles aufzuschreiben, was allen einfällt:

Synonyme, das Gegenteil des Begriffs, Gefühle, Erfahrungen, Definition, Wissen…

Auf dem Blatt mit dem Begriff „Glück" befinden sich zusätzlich drei sich überschneidendei Kreise. Jeder aus der Gruppe ordnet sich einem Kreis zu.

Frage: Was ist Glück für euch persönlich? Seid ihr euch einig?

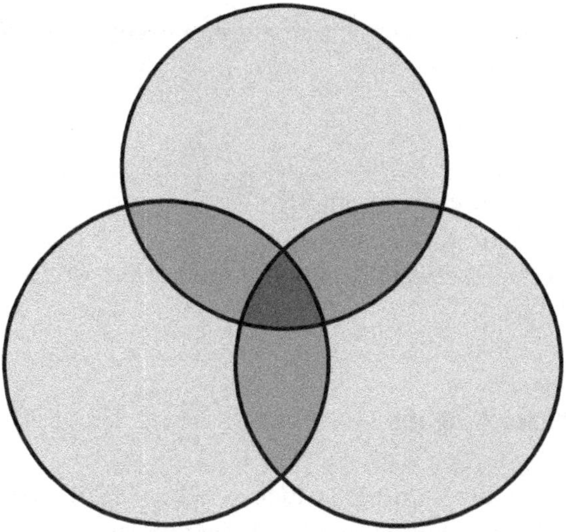

- hellgrau: Nur eine Person sagt: „Das ist Glück“
- mittelgrau: Nur zwei Personen sagen: „Das ist Glück“
- dunkelgrau: Alle sagen: „Das ist Glück!“

(Anmerkung: bei mehr als drei Personen funktioniert das nicht mehr ganz so geschmeidig, gelingt aber sicherlich mithilfe von Pfeilen oder Sternchen auch).

Dabei bemerkt die Gruppe unter Umständen, wie unterschiedlich Glück empfunden wird.

Neben den Kreisen können andere Gedanken / Definitionen stehen.

Nach ca. 3 Minuten bekommt jede Gruppe das nächste Blatt – allerdings nicht das, auf dem die andere Gruppe schon ihre Gedanken notiert hat, sondern ein neues. Und nach weiteren 3 Minuten erhält jede Gruppe noch den dritten Begriff zum „Brainstorming“.

Im Anschluss können die Gruppen ihre Plakate den anderen Gruppen kurz vorstellen.

Dabei beschränken sie sich auf ihre wichtigsten Punkte/ Erkenntnisse.

Frage:

- Was hat euch fasziniert?
- Wo habt ihr diskutiert?
- Welchen Zusammenhang könnten die drei Begriffe haben?

Nächste Aufgabe

Mit den drei Worten, Glück – Gott – Nähe, soll jede Kleingruppe mindestens einen Satz bilden.
Die Sätze vorlesen und dabei ins Gespräch kommen – vielleicht sind folgende Fragen hilfreich:

- Was hat Gott mit Glück zu tun?
- Habt ihr schon einmal Gottes Nähe gespürt? Wie fühlt sich das an/ sieht das aus?
- Wollt ihr Gott in eurer Nähe haben? Warum/ warum nicht?

Auch über diese Sätze könnt ihr ins Gespräch kommen.

Kurzer Input

Jetzt kommt die „Auflösung“: „Gott nahe zu sein ist mein Glück“. Das ist ein kurzer Satz in einem Psalm. Was glaubt ihr, kommt in dem Psalm noch vor? In welcher Situation befindet sich der Schreiber? (Ideen sammeln oder als rhetorische Frage stehen lassen).

Man könnte ja denken, der Autor ist grade im Urlaub, liegt am Meer oder wandert in den Bergen und entdeckt dabei neu Gottes schöne Schöpfung. Könnte sein…, ist aber in dem Fall nicht so. Der Psalmschreiber ist gerade zutiefst frustriert – eigentlich auch von Gott. Warum? Weil er beobachtet, wie Menschen, die sich alles herausnehmen, die auf nichts und niemanden Rücksicht nehmen, alles haben. Und er? Fühlt sich wie ein kleiner Wurm, der für sein mühevolles Leben keine Beachtung erfährt. Aber dann passiert etwas: Er wendet sich zu Gott – und sagt plötzlich diesen Satz! Nicht in einem Glücksmoment, sondern in einer Situation, in der er voller Groll ist. Und es hilft ihm! ER – Gott selbst – hilft ihm.

Gott ist kein Glücksbringer. Und doch: Gottes Nähe macht glücklich! Warum? Weil er uns von den Maßstäben dieser Erde befreit. Weil Glück bei Gott nichts mit einem perfekten Leben zu tun hat. Weil Gott uns in unseren Notsituationen zeigt, dass er da ist, uns nahe ist.

Kleine Meditation

Jeder sucht sich im Raum einen Ort und eine Körperhaltung, die für ihn und sie dem Satz „Gott nahe zu sein ist mein Glück“ Ausdruck verleiht. Nacheinander spricht jeder den Satz mit der Betonung, die sich stimmig / passend anfühlt.
→ einfach gegenseitig wahrnehmen und stehen lassen.

Input

Glück – das ist für uns immens wichtig! So wichtig, dass wir ziemlich viel dafür tun.

Und es gibt viele Methoden, sich glücklich zu fühlen und es trotzdem nicht zu sein. Eine Ursache hierfür: unsere Chemie. Unser Körper schüttet verschiedene Glückshormone in verschiedenen Situationen aus. Die wirken dann schmerzhemmend und entspannend wie Rauschgift und werden deshalb als körpereigene Drogen bezeichnet. Und das erklärt so einiges: Warum Menschen Alkohol trinken und Drogen nehmen, warum wir Glücksgefühle beim Shoppen erleben, warum Menschen One-Night-Stands haben. Dahinter steckt die Sehnsucht – ja, manchmal wohl die Sucht – nach Glück. Ziel ist, sich selbst in einen Glücksrausch zu versetzen.

Dauerhaftes Glück lässt sich so nicht erreichen. Ganz im Gegenteil: Es schafft Abhängigkeiten.

Die körpereigenen Hormone – sie sind auch bei manchen Menschen Anlass einer tiefen Depression, aus der sie allein gar nicht mehr herauskommen. Diesen Menschen vor Augen zu halten, dass sie doch eigentlich Grund zum Glücklichsein haben, ist ohne unterstützende Medikamente aussichtslos.

Und gerade deshalb ist dieser kurze, kleine Psalmvers so wichtig. Weil es hier um mehr geht als um hormongesteuertes Glück. Es geht um eine Perspektive, die ich selbst nicht ganz sehen kann. Es geht um eine Lebenshaltung, in der ich mich jederzeit an Gott wenden kann und ihn bitten darf, mir das Glück zu zeigen. Wir werden es an Stellen finden, wo wir es nie vermutet hätten.

„Gott nahe zu sein ist mein Glück" – das ist etwas, das immer gilt. Das kann die erfüllte Karrierefrau genauso verinnerlichen wie die perspektivlose Hartz-IV-Empfängerin. Der Satz kann dem Depressiven ein Hoffnungsschimmer sein, weil er dafür nicht von sich aus glücklich sein muss. „Gott nahe zu sein ist mein Glück" – das gilt in den tiefsten Tiefen und in den Momenten, in denen wir von Glückshormonen durchströmt sind.

Zum Weiterdenken

So kann uns dieser kleine, einprägsame Satz sogar helfen, unser Glück in der Welt wieder besser zu sehen, weil wir damit rechnen.

In dem unten genannten Buch „Hectors Reise" gibt es folgende Indikatoren für Glück:

- Geliebt werden
- Geld
- Sich nützlich fühlen
- Freundschaft
- Gesundheit
- Sozialer Status
- Arbeit, die man liebt
- Feste feiern
- Glück der Menschen, die man liebt
- Innere Heiterkeit

Druckt diese Indikatoren auf einen Din-A4-Zettel, den ihr für jeden Teilnehmer kopiert.

Nun überlegen alle, welche Punkte ihnen besonders wichtig sind – und wie sich „zu viel“ auswirken kann (Bsp: Geld – Gier, geliebt werden – gefallen wollen, sich nützlich fühlen – Selbstaufgabe, Feste feiern – sich über die Maßen betrinken, sozialer Status – Angeberei).

Input (kurz)

All die Glücksindikatoren sind ja grundsätzlich gut – können aber bei der Sucht nach Glück Leben zerstören.

Wenn wir aber schon Glück haben, weil wir Gott nahe sind, dann können wir auch gelassener damit umgehen, wenn wir mal die Arbeit, die wir lieben, verlieren. Klar: Das macht uns traurig und hilflos – aber es kann nicht unser Glück zerstören, denn das ist bei Gott.

Alltagsidee

Führt doch bis zum nächsten Mal ein Glückstagebuch. In welchen Momenten erlebt ihr Glück? Wo findet ihr es? Wo wurdet ihr überrascht? Das ist eine kleine Übung und hilft, Gott danke zu sagen für das, was er uns täglich schenkt. Schreibt auf und sagt doch abends kurz „Danke, Gott, für…“

→ beim nächsten Treffen gibt es einen kurzen Austausch über das, was wir erlebt haben… – oder auch nicht.

Liedvorschläge

Du tust / Meine Seele sucht Heimat (Feiert Jesus 4, 170)
Geh aus, mein Herz, und suche Freud (EG 503)
My redeemer lives (Feiert Jesus 2, 236)
Danke für alles, was Du gibst, Herr (Feiert Jesus 3, 61)
Blessed be your name (Feiert Jesus 4, 53)
You raise me up (Feiert Jesus 4, 176)
Befreit durch deine Gnade (Feiert Jesus 4, 158)

Literaturtipps zum Thema Glück

François Lelord, Hectors Reise oder die Suche nach dem Glück, München 2006 (29. Auflage 2013, bes. Seite 133f.)
Eckart von Hirschhausen, Glück kommt selten allein, Reinbek b. Hamburg 2009 (16. Auflage 2011)

Nichts soll dich ängsten

Gruppenstunde für Frauenkreise und andere Gruppen

Kristina Schnürle

1. Hinführung

Lied „Nichts soll dich ängsten" (EG, Regionalteil Württemberg, 574)
„Wer sich an Gott hält, dem wird nichts fehlen" – deckt sich das mit unserem Erleben?
Schicksale (evtl. ausgedruckt auf Karten in die Mitte legen):

- Ein Kind aus der Gemeinde stirbt trotz täglicher Gebete in der Kirche.
- Eine junge Frau, die viel mit ungewollten Kindern zu tun hat, wünscht sich sehnlichst ein eigenes Kind, wird aber nicht schwanger.
- Ein Unternehmer versucht seinen Betrieb ohne Schwarzarbeit mit soliden Angeboten ehrlich zu führen, und gerät dadurch gegenüber der Konkurrenz ins Hintertreffen.
- Eine sehr engagierte Frau, die ihr Leben lang gesund und bewusst gelebt hat, erkrankt in ihrem Vorruhestand schwer an Krebs.

Erwächst daraus nicht die – berechtigte – Frage: Was habe ich davon, wenn ich an Gott glaube? Was kommt dabei heraus, wenn ich versuche, mein Leben nach Gottes Weisungen zu leben?

2. Begegnung mit dem Text

Der gesamte Psalm 73 wird vorgelesen. Anschließend wird der Text ausgeteilt und die Teilnehmerinnen lesen den Text in Abschnitten. In einer nächsten Runde liest dann jede einzelne Worte, Verse, die ihr wichtig sind, laut, auch schon Genanntes kann mehrmals gelesen werden.

„Herz“ ist ein beherrschendes Wort des Psalms. Der Psalmbeter dringt in den innersten und verborgenen Bereich der menschlichen Existenz ein.

Welche Gefühle kommen beim Beter vor?

Die Teilnehmerinnen werden eingeladen, mit einer Schnur eine Gefühlskurve zu legen.

Welches Gefühl bewegt Sie persönlich am meisten beim Lesen des Psalms?

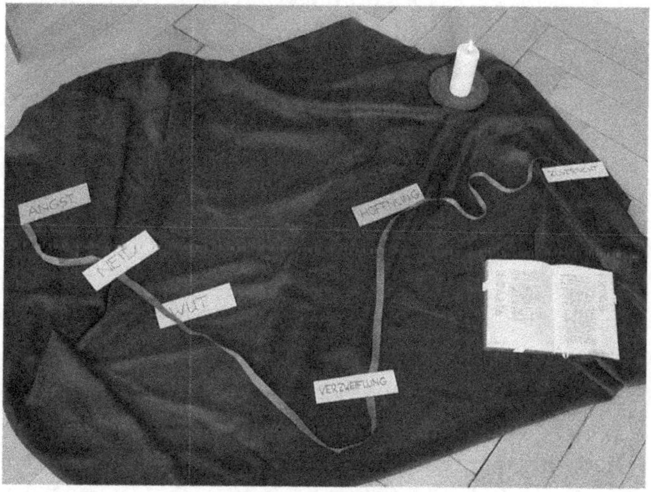

3. Bibelarbeit

Die folgenden Fragen können den Teilnehmerinnen auf einem Blatt ausgeteilt oder aber nacheinander im Austausch in der Gruppe besprochen werden (die Antworten sind kursiv gedruckt).

a) Gliedern Sie den Psalm und versuchen Sie, den einzelnen Abschnitt mit Überschrift und / oder Inhaltsstichworten zu charakterisieren.
b) V. 4–12 schildert der Psalmbeter seine Beobachtungen über das Leben der Gottlosen. Mit welchen Worten wird es im 1. Teil (V. 1–12) beschrieben? Vgl. zu V. 11: Ps 10,1–11; Hi 21,7.

Zusammenfassende Antwort:

es geht gut / keine Schmerzen / gesund / wohlgenährt / harte Arbeit kennen sie nicht / Sorge berührt sie nicht / Gewalt/ Wohlstand / frei von Sorgen / Vermögen

Die Gottlosen sind glücklich, gesund, erfolgreich und mächtig. Sie strotzen vor Gesundheit und Arroganz. Sie setzen rücksichtslos ihre Macht ein, um ihre Ziele durchzusetzen und werden dafür noch öffentlich geehrt. Sie höhnen über die, die von Solidarität, Gerechtigkeit, Nächsten- und Gottesliebe reden. Sie spotten sogar: Gott hat, falls es ihn überhaupt gibt, anderes zu tun, als sich um die Welt und die Menschen zu kümmern.

Die Gottlosen, von denen der Beter spricht, sind nicht die theoretischen Atheisten, sondern die, die ihr Leben ohne Rücksicht auf Gott und andere Menschen leben, die ihre eigenen Interessen, ihren eigenen Erfolg rücksichtslos verfolgen. Sie bestreiten, dass Gott überhaupt weiß, was sie treiben.

- Ist ihr Leben nicht der überzeugende Beweis dafür, dass man in dieser Welt ohne Gott viel weiter kommt?
- Fallen Ihnen dazu Beispiele ein?
- Davon ist der Beter fasziniert und irritiert. Kennen Sie das auch?

c) Wie erlebt der Beter selbst sein Leben im Glauben an Gott (V. 13f)?
Zusammenfassende Antwort:
Er macht die Erfahrung, dass sein Leben im Gottesgehorsam „umsonst“ (V. 13, vgl. Hiob 1,9 Stichwort des Satans bei Hiob) war. Es steht im Widerspruch zum überlieferten Glauben, zum Vertrauen, dass gerechtes Tun und reine Herzen sich in sichtbarem Segen auswirken (Tun-Ergehens-Zusammenhang). Doch ihm brachte sein Glauben weder Glück noch Reichtum noch Gesundheit noch Gelassenheit. Im Gegenteil: Ihm geht es schlecht.

d) Deshalb die Frage: Wozu soll der Glaube, der täglich Plage bedeutet, gut sein?
Welche Antworten findet der Beter im 2. Teil (V. 13–17)?

Zusammenfassende Antwort:
- *V. 15: Erinnerung an die Geschichte der Kinder Gottes*
  Eine Antwort findet er in der Erinnerung an die Väter und Mütter des Glaubens, an die Leidens-

geschichte seines Volkes, an Abraham, an die verspotteten und verzweifelten Propheten von Elia bis Jeremia, wie sie an Gott gelitten haben und wie sie an ihm festgehalten haben auch in der Nacht ihres körperlichen und seelischen Leidens. Dies darf und will der Beter nicht verdrängen oder verraten.

In V. 15 wechselt die Sprechrichtung von Gott aus der dritten Person zum „Du“ (deine Kinder). Der Blick richtet sich auf Gott, er ist nicht mehr nur auf die Gottlosen und den eigenen Weg fixiert.

- *V. 16: Begegnung mit Gott im Heiligtum*

Hier kann er die Realität der Frevler aus der Perspektive Gottes sehen.

- *V. 17: der Blick auf das Ende der Gottlosen*

  Die Frage, ob der Gott Israels wirklich Gott ist, ob der Glaube des Beters umsonst ist oder nicht, entscheidet sich am Ende. Weil der Beter „ihr Ende“, das Ende der Gottlosen, das Gott setzt, in den Blick nimmt, weil er auf Gott schaut, der allen das Ende setzt, verliert das Glück der Gottlosen seinen Stachel.

  Das Ende eines Menschenlebens macht erst offenbar, wer der Mensch wirklich war und was er bewirkt hat. Hier zeigt sich, was er in den Augen Gottes ist.

e) Im dritten Teil (V. 18–28) stellt sich das vorher Beklagte anders dar. Der Beter erkennt, dass die Erbitterung ihm den Blick getrübt hat. Er merkt, dass das Leben der Gottlosen vorbei geht ohne Erinnerungswert für Gott.

In Form eines prophetischen Leichenliedes (V. 18–20) wird der Untergang der Gottlosen schon verkündet. Ihre Sicherheit ist eine Täuschung.
Reicht das als Antwort?
Nehmen alle Gottlosen solches Ende? Und nur sie? Hat nicht der Gottlose noch den Vorzug gehabt, sein Leben in vollen Zügen genießen zu können?

f) Doch der Beter wird noch mit einer anderen Antwort von Gott beschenkt und getröstet: V. 23.
Es ist nicht Glaubenstrotz, pathetische Glaubenskraft oder ein heroisches „Dennoch" (vgl. Luthertext), das er nun spricht. Vielmehr wird ihm im Heiligtum bewusst: Ich gehöre zu dir, Gott.
Der Gott, an den er sich gehalten hat, hat ihn in Wahrheit gehalten und geführt. Der Beter merkt: Nicht weil ich dich festhalten könnte, sondern weil du mich festhältst, darum bin ich zwar gestrauchelt, aber nicht zu Fall gekommen. Deshalb kann ich gewiss sein, dass diese Hand mich auch in Zukunft nicht loslässt.
Auch am Ende bleibt Gott. Gott wird ihn in seine ewige Lebensgemeinschaft aufnehmen, die auch der leibliche Tod nicht aufheben kann. Das wahre Lebensglück ist die unzerstörbare Gottesgemeinschaft.
Welche Übersetzung drückt das für Sie am besten aus?
- Trotzdem bleibe ich immer bei dir. Du hast mich an die Hand genommen.
  (Basisbibel)
- Dennoch bleibe ich stets an dir; denn du hältst mich bei meiner rechten Hand.
  (Lutherbibel)

- Aber nun bleibe ich für immer bei dir,
  und du hast mich bei meiner rechten Hand gefasst.
  (Neue Genfer Übersetzung)
- Und doch, Gott, ich komme von dir nicht los!
  Du hast meine Hand ergriffen und hältst mich.
  (Gute Nachricht)
- Jetzt aber bleibe ich immer bei dir,
  und du hältst mich bei der Hand.
  (Hoffnung für alle)
- Nun aber bleibe ich stets bei dir,
  du hältst mich an meiner rechten Hand.
  (Züricher Bibel, 2007)
- Doch ich gehöre noch immer zu dir,
  du hältst meine rechte Hand.
  (Neues Leben)
- Ich aber bleibe immer bei dir,
  du hältst mich an meiner Rechten.
  (Einheitsübersetzung)
- Und doch bleibe ich stets bei dir,
  meine rechte Hand hast du erfasst.
  (Buber)

Oder: unterschiedliche Gestaltungen der Jahreslosung (Postkarten u. Ä.) werden ausgelegt.

Welche Gestaltung drückt für Sie die Zuversicht dieses Psalmwortes aus? Warum?

Wie kann solche Hoffnung unsere Wirklichkeit verändern?

Schluss

Die Zuversicht des Psalmwortes in der Jahreslosung ist keine einfache Wahrheit. Sie ist im Psalm durchlitten und erkämpft. Dann erst mündet der Psalm in eine große Hoffnung.

Heinrich Schütz lebte zur Zeit großer Plagen, in einer Zeit, die gekennzeichnet war von Pest, Ruhr, nicht zuletzt von grausamen Hexenverfolgungen. Innerhalb weniger Monate verlor er die Eltern, seine junge Ehefrau, den einzigen Bruder und seine beiden kleinen Töchter. Er hat über Ps 73,25f. eine Motette komponiert.

Durch die musikalische Setzung der Worte in die Notenfolge für die beiden Chöre wächst eine Ahnung, wie nah und fern zugleich ihm Todeserleben und Todesgedanken gewesen sind. Zu Beginn fast zögernd, zart gesungen: „Herr, wenn ich nur dich habe", bis zur Steigerung zum kraftvollen Rufen: „so bist du doch…", oft wiederholt, schwebend zwischen Klage und Jubel. Die letzten Töne ragen fest wie ein Fels empor.

- Zuletzt die Motette aus Heinrich Schütz' „Musikalischen Exequien" anhören.

Wie liest ein Mann die Jahreslosung 2014?

Gedächtnisprotokoll eines Gespräches mit Sieghard Hartmann[15]

Notiert von Burkhard Weber

Sieghard, was verbindest du mit dem Satz „Gott nahe zu sein ist mein Glück“?
Spricht mich nicht so sehr an. Klingt etwas soft.

Liegt das an den Worten „nahe sein“ oder dem Ausdruck „Glück“?
Irgendwie an beidem. Ich hab es nicht so mit den vielen Segensworten, die überall auf den Spruchkarten und Kalendern stehen, ich glaube, es sind irische Segensworte.

„Gott nahe zu sein ist mein Glück“ – das ist ein Psalmwort und ist die Jahreslosung für 2014.
Ich kenne mich eigentlich ganz gut in der Bibel aus, aber das Wort ist mir nicht geläufig.

Gott nahe sein – das müsste dich doch ansprechen.
Kommt drauf an, was du meinst. Nahe sein – das hat für mich einen emotionalen Klang. Auch etwas Kindisches, so als ob man bei Gott auf dem Schoß sitzt. Damit kann ich nicht viel anfangen.

15 Der Name ist Programm. Die hinter diesem fiktiven Namen stehende Person möchte anonym bleiben. Es könnte sich auch um „Viktor Stein“ handeln oder um „Hermann Nüchtern“.

Ich weiß, dass du ein engagierter Christ bist. Was stört dich genau?
Ich will den Glauben nicht über Bord werfen. Aber wie in der Kirche geredet wird, ist oft nicht meine Sprache.

Meinst du damit, das ist keine zeitgemäße Sprache?
Das ist nur ein Teil des Problems. Mir ist klar, dass der Glaube auch eine bestimmte Sprache hervorgebracht hat. Ich kann damit umgehen, wenn manches etwas altmodisch klingt.

Wenn die traditionelle Sprache nur Teil des Problems ist – wo sitzt der Rest des Problems?
Viele christliche Aussagen, zum Beispiel auf Spruchkarten oder auch in Liedern, sind für mich typisch kirchlich – kitschig – kindlich. Versteh mich richtig, die Aussagen selbst sind ja wohl richtig, aber sie sind in einer Sprache ausgedrückt, die eher Frauen anspricht.

Noch einmal der Satz „Gott nahe zu sein ist mein Glück". Wie klingt das für dich?
Es hört sich so an, als ob das viel mit Emotion zu tun hat. Natürlich ist mir klar, dass die Sache komplizierter ist, aber ich sage es noch mal: Das ist ein Satz, den man sich gut im Mund einer Frau vorstellen kann – oder vielleicht stammt es auch von einem Mann. Aber der ist dann wohl eher ein sensibler. Frauen reden von Nähe, Männer wollen die Welt gestalten.

Ist das nicht zu einfach?
Mir geht es nicht um Schubladen über männlich und weiblich. Ich meine nur, dass ich der Typ von Mann

bin – und da gibt es bestimmt auch Frauen –, die ihren Glauben nicht so persönlich ausdrücken, dass es sich anhört wie eine Liebesbeziehung.

Davon ist aber in der Jahreslosung nicht die Rede. Hier steht doch nur das Wort „nahe sein".
Ich verbinde damit aber eine sehr intime Angelegenheit – ich meine es nicht böse, aber so etwas wie eine Schmusereligion. Und dann auch noch: Glück. Eigentlich kein schlechtes Wort im Alltag, aber für den Glauben ist es zu romantisch.

Fühlst du dich bei Gott geborgen?
Ich habe nichts dagegen, wenn das jemand sagt. Zu mir passt es nicht so.

Gott über dir – Gott unter dir – Gott neben dir – Gott vor dir – Gott hinter dir – Gott in dir, und du in Gott. Kennst du diese Ausdrücke?
Ich höre es beim Segen. Ist in Ordnung. Kann's auch ein bisschen weniger sein?

Wie würdest du es ausdrücken, Gott nahe zu sein?
Ich denke nicht in erster Linie daran, dass ich ihm nahe bin. Aber ich glaube, dass er irgendwie in meiner Nähe ist. Wo genau, kann ich nicht sagen. Am ehesten: neben mir. Als Begleiter. Ich glaube auch, dass er mir hilft bei dem, was ich zu machen habe.

Fundgrube

Texte zur Auslegung von Psalm 73

Zusammengestellt von Burkhard Weber

Martin Luther (Paraphase aus der 1. Psalmenvorlesung 1513/15)

Für mich aber ist es das ganze Gut, neben dem es kein anderes gibt, dass ich mich jetzt im Glauben, darnach im Schauen zu Gott halte und es ist ferner für mich gut, dass ich meine Zuversicht setze auf den Herr Gott, nicht auf Geld und Ehre. Dass ich verkündige all dein Lob, d. h. ich bin bereit, wenns möglich wäre, alles zu verkündigen; denn so ist es des Herzens Wunsch und Andacht, wiewohl es unmöglich ist, alles Lob Gottes zu verkündigen. Man könnte auch so verstehen: ich will lauter Lob, d. h. nichts als nur Lob verkündigen.[16]

Martin Luther (Vorlesung über den Hebräerbrief 1517/1518)

Da der Glaube nach Röm 1,16ff nichts anders ist als das Hangen an Gottes Wort, so folgt daraus, dass der Besitz des Wortes Gottes, d. h. der ewigen Güter, zugleich auch (wenigstens was die innere Einstellung und Liebe betrifft) den Verlust aller irdischen Güter einschließt, vgl. Ps 73,28: ‚Das ist meine Freude, dass ich mich zu Gott

16 D. Martin Luthers Psalmen-Auslegung, hg. v. Erwin Mülhaupt, 2. Band, Göttingen 1962, S. 411.

halte.' In rechter Weise ruft der Apostel also als kluger und getreuer Sachwalter seines Herrn die Hebräer, die sich mit ihrer Habe in dieser Welt eingerichtet haben, zu einem höheren Gut zurück, nämlich dem Gewinn der Seele, ja aller Güter überhaupt, um sie so von der Hingabe an die irdischen Dinge zu befreien und sie hin zu lenken auf die himmlischen Dinge.[17]

Johannes Calvin

V. 28. Aber das ist meine Freude usw. David kommt wieder auf sich zu sprechen und bezeugt, er werde immer unter Gottes Führung bleiben, ob er auch sehen müsse, wie alle Welt sich in planlosen Irrwegen von Gott entfernt. Mögen, so sagt er, andere umkommen, wenn ihre Lüste nach dem Trug der Welt nicht zu bezähmen sind; ich werde doch fest bei diesem Vorsatz bleiben, dass ich die heilige Verbindung mit Gott pflege. In den folgenden Worten fügt er bei, auf welche Weise man sich ‚zu Gott halte', nämlich indem unser Vertrauen auf ihm steht. Denn Gott wird uns nicht bewahren, es sei denn, dass wir überzeugt sind, nur in seiner Gnade wohlerhalten zu bleiben.[18]

C. H. Spurgeon

Je näher wir uns zu Gott halten, desto weniger werden wir von den Reizen und Leiden der Erde angefochten. Der Zugang zu dem Allerheiligsten ist ein hohes Vor-

---

17 Kurt Aland (Hg.), Luther Deutsch, Die Werke Martin Luthers in neuer Auswahl für die Gegenwart, Die Anfänge, Bd. 1, Stuttgart und Göttingen 1969, S. 331.

18 Johannes Calvin, Auslegung der Heiligen Schrift, Bd. 5,2, Die Psalmen, Neukirchen o.J., S. 20.

recht und ein bewährtes Heilmittel für zahlreiche Übel. Die Nähe Gottes ist allen Heiligen gut und köstlich, sie ist es auch mir insonderheit; es ist mir unter allen Umständen gut und wird es stets sein, dem größten Gut, dem Urquell alles Guten, Gott selber, zu nahen.[19]

Hans-Joachim Kraus
Die Gemeinde des Neuen Bundes wird den Psalm nur lesen und verstehen können angesichts der Tatsache, dass Jesu Christus der ‚Ort' der Gottesgegenwart ist (28), an dem und in dem die Wirklichkeit der göttlichen Gnade und des göttlichen Gerichtes offenbar ist. Er selbst ist die Wirklichkeit der göttlichen Gnade, der selbst ist der ‚letzte', durch den alle aus dem sichtbaren gewonnenen Glaubens- und Lebensurteile umgestürzt werden. In ihm erfährt der Christ das Wunder der Gemeinschaft mit Gott, das alle Leiden, ja auch den Tod, überwindet (Römer 8,35–39).[20]

Hans Walter Wolff
Gut für den Menschen ist allein die Nähe Gottes. Dies macht am Schluss noch einmal unüberhörbar deutlich, dass es um Gott selber geht, nicht um etwas, das er gewähren soll und das getrennt von ihm zu genießen wäre, wie etwa Schutz, Friede, Geborgenheit.[21]

---

19 C. H. Spurgeon, Die Schatzkammer Davids, 2. Band, Kassel o. J., S. 539f.
20 Hans Joachim Kraus, Psalmen. 1. Teilband, Biblischer Kommentar Altes Testament, Neukirchen 1960, S. 511.
21 Hans Walter Wolff, Meditationen zu Psalm 73,23–28. In: Georg Eichholz: Herr, tue meine Lippen auf, Bd. 5, Wuppertal 1948, S. 47.

Erich Zenger
Psalm 73 ist wie kaum ein anderer Psalm eine gebetete ‚Verdichtung' des Leidens Jesu an den Menschen vor allem an Gott. Sein Schrei am Kreuz ‚Mein Gott, mein Gott, warum hast du mich verlassen' (Mk 15,34 = Ps 22,2) angesichts der politischen und religiösen Autoritäten, deren Gewalt und Hohn ihn bis in den Tod begleiteten, ist ‚der Schrei jenes Gottverlassenen, der seinerseits Gott nie verlassen hatte. [...] In der Gottverlassenheit des Kreuzes bejaht er einen Gott, der noch anders und anderes ist als das Echo unserer Wünsche, und wären sie noch so feurig; der noch mehr und anderes ist als die Antwort auf unsere Fragen, und wären sie die härtesten und leidenschaftlichsten – wie bei Hiob, wie schließlich bei Jesus selbst' (J. B. Metz). *Diesem* Jesus wurde das in Ps 73 bezeugte ‚Nahen Gottes' zuteil, als Gott ihn auferweckte und ‚in Herrlichkeit zu sich nahm' (Ps 73,24). So bezeugt Jesus für uns Christen die Wahrheit und Tragweite des Bekenntnis-Satzes, mit dem der Psalm einsetzt: „Gewiss, gut ist für Israel Gott!" [...] Wir können diesen Psalm nicht ohne oder gar gegen Israel beten. [...] Wenn Christen diesen Psalm beten, werden sie mit der Leidensgeschichte Israels konfrontiert, an der Christen unselig beteiligt waren. [...] Der oft zitierte Satz, dass wir „*nach* Auschwitz" noch beten dürfen, weil „*in* Auschwitz" gebetet wurde, gilt für Ps 73 mit besonderer Dringlichkeit.[22]

22 Erich Zenger, Psalmen. Auslegungen, Bd. 2 „Ich will die Morgenröte wecken", Freiburg i.Br. 2003, S. 227f.

Erfahrungen und Gebete zur „Gottesnähe“

Zusammengestellt von Ulrike Voigt

Erfahrungen

Psalmen essen

Die Psalmen sind für mich eins der wichtigsten Lebensmittel. Ich esse sie, ich trinke sie, ich kaue auf ihnen herum, manchmal spucke ich sie aus, und manchmal wiederhole ich mir einen mitten in der Nacht. Sie sind für mich Brot.

Ohne sie tritt die spirituelle Magersucht ein, die sehr verbreitet unter uns ist und oft zu einer tödlichen Verarmung des Geistes und des Herzens führt. Materieller Reichtum und technologisches Wissen stellen in unserem Teil der Erde die Bedingungen für den spirituellen Tod der Überentwickelten dar. Und so möchte ich als erstes sagen: Esst die Psalmen. Jeden Tag einen.

Vor dem Frühstück oder vor dem Schlafengehen, egal. Haltet euch nicht lang bei dem auf, was ihr komisch oder unverständlich oder bösartig findet, wiederholt euch die Verse, aus denen Kraft kommt, die die Freiheit, Ja zu sagen oder Nein, vergrößern.

Findet euren eigenen Psalm. Das ist eine Lebensaufgabe und viel zu groß für uns, aber lasst euch nicht unnötig verkleinern. „Meine Seele singe zu Gott“ – so haben Menschen, die innerhalb furchtbarer Verkleinerungszwänge lebten, gebetet. Hungrige, Verkrümmte, Geängstigte, an Geist und Seele verkümmerte Frauen haben das gewusst und gesungen. „Lobe den Herrn, meine Seele“, haben sie zu ihrer Seele gesagt. Esst den Psalm, Gott hat schon Brot gebacken, die Väter und Mütter des Glaubens haben schon für uns vorgesorgt. Esst und lernt, Brot zu backen.

Dorothee Sölle

Liebe kommt nie an ihr Ende

Was immer man über die Liebe sagen mag: sie wird nicht fertig mit einem Menschen. Sie kommt nie zu Ende mit jemandem. Sie transzendiert jede mögliche Erfüllung, sie will immer mehr. Eben dieses Nie zu Ende Kommen nennt die Sprache der Tradition: Transzendenz. Aber der geschichtlich konkrete Name der gleichen Sache heißt: Leiden. Leiden, weil die Liebe Christi unendlich ist, weil sie keine Bedingungen stellt, die als erfüllte erledigt wären; leiden, weil die Liebe nicht rechnet mit ihren Begrenzungen.

Jede Beziehung zu einem anderen Menschen macht uns verwundbar, je größer die Liebe, desto verwundbarer der Liebende. Wer in sich selber ruht, keinen braucht, autark ist, den wird auch weniger Schmerz treffen. Aber Christus, der in die Liebe ruft, hat nie empfohlen, Schmerzen zu vermeiden, sich zu sparen, wie die Stoiker es anrieten. Er rief in eine unendliche Bewegung hinein, eine diesseitige Transzendenz, die mit ihrem Leben bezahlt, was sie ersehnt, das Reich Gottes. Die Nachfolge

Christi sensibilisiert Menschen, sie macht sie aufmerksamer, nachdenklicher, empfindlicher und verwundbarer.

Wer die bedingungslose Güte Gottes erfahren hat, wer Gottes Nähe als Liebe begreift, atmet, spürt, der kann sich nicht festhalten für sich selber.

Dorothee Sölle

Das Vaterunser

Eine Woche später begann ich mit der Weinlese. Ich sprach das Vaterunser auf griechisch jeden Tag vor der Arbeit, und im Weinberg habe ich es dann noch oftmals wiederholt.

Seitdem habe ich mir als einzige Übung die Verpflichtung auferlegt, es jeden Morgen ein Mal mit unbedingter Aufmerksamkeit zu sprechen. Wenn meine Aufmerksamkeit unter dem Sprechen abirrt oder einschläft, und sei es auch nur im allergeringsten Grade, so fange ich wieder von vorne an, bis ich ein Mal eine völlig reine Aufmerksamkeit erreicht habe. Dann kommt es wohl mitunter vor, dass ich es aus reinem Vergnügen noch einmal von vorne aufsage, aber nur, wenn das Verlangen mich treibt.

Die Kraft dieser Übung ist außerordentlich und überrascht mich jedesmal, denn, obgleich ich sie jeden Tag erfahre, übertrifft sie jedesmal meine Erwartung.

Mitunter reißen schon die ersten Worte meinen Geist aus meinem Leibe und versetzen ihn an einen Ort außerhalb des Raumes, wo es weder eine Perspektive noch einen Blickpunkt gibt. Der Raum tut sich auf. Die Unendlichkeit des gewöhnlichen Raumes unserer Wahrnehmung weicht einer Unendlichkeit zweiten oder manchmal auch dritten Grades. Gleichzeitig erfüllt diese Unendlichkeit der Unendlichkeit sich allenthalben mit Schweigen, mit einem Schweigen, das nicht die Abwesenheit des Klanges ist, sondern das der Gegenstand einer positiven Empfindung ist, sehr viel positiver als die eines Klanges. Die Geräusche, wenn deren da sind, erreichen mich erst, nachdem sie durch dieses Schweigen hindurchgegangen sind.

Mitunter auch ist während dieses Sprechens oder zu anderen Augenblicken Christus in Person anwesend, jedoch mit einer unendlich viel wirklicheren, durchdringenderen, klareren und liebevolleren Gegenwart als jenes erste Mal, da er mich ergriffen hat.

Simone Weil

Gott ist überall

Gott ist überall. Tag und Nacht sind wir eingetaucht in Gott. Wenn wir uns bewegen, wenn wir sprechen, wenn wir leben, immer sind wir in ihm.

Aber Gott ist auch in uns. Wie herrlich ist es doch, die Natur in ihrer ganzen Fülle zu betrachten und sich dann mit dem Schöpfer, der in uns ist, zu unterhalten – nicht mit Worten, sondern einfach in Gedanken!

Es ist eine unvergleichliche Kraft, zu wissen, dass der Heilige Geist bei uns ist. Welch ein Reichtum ist es doch, die sieben Gaben zu entdecken, die er uns allen vermittelt und die wir noch lange nicht voll nutzen! Welch ein Reichtum ist es, sich der besonderen Gaben bewußt zu werden, die er jedem einzelnen von uns in überreichem Maße schenkt! …

Und welch ein Privileg ist doch unser Glaube daran. Dass wir eins sind in Christus! Gern trage ich Christus das herrliche Gebet von Kardinal Newman vor: „Herr Jesus, verstecke dich nicht so in mir! Schau mit meinen Augen! Hör mit meinen Ohren! Sprich mit meinem Mund! Geh mit meinen Füßen!

Herr, lass meine arme menschliche Gestalt wenigstens von ferne an deine göttliche Gegenwart erinnern!“

Dom Hélder Câmara

Wo Gott wohnt

Wo Gott wohnt,
schweigen die schweren Worte
verhallen die harten Töne
ist es vernehmbar still

Wo er wohnt
fallen die Mauern
wuchert das Leben
ist es sichtlich sanft

Wo er wohnt
sucht er mich auf
finde ich mich wieder
in seinem Licht

Tina Willms

Dein Wort

Ich lehne mich
an dein Wort
wie an die Eiche
in Großmutters Garten

auf dem Gesicht
leichtes Licht
im Rücken
den knorrigen Stamm

ich lausche
dem Wind
der durch die Blätter
streicht

und den Vögeln
die ihre Nester
in den Zweigen
verbergen

ich sitze da
lehne mich an
leihe mir Wurzeln
und atme
Vertrauen

Tina Willms

Mit zarten Farben

Mit zarten Farben
zeichnest du
dein Leben in
meins hinein

Malst festen Boden
mir unter die Füße
und einen Regenbogen
hinter den Horizont

Skizzierst eine Hand
die meine nimmt
und Halt von weit her
in meinen Rücken

Zeichnest ein Leuchten
mir in die Augen
und auf meine Lippen
einen Gesang

Ich tanze und lebe
und tanze
mein Leben in dir

Tina Willms

Eine Gotteserfahrung

In dem theologischen Seminar in New York, an dem ich unterrichtete, wurde einmal nach religiösen Erfahrungen gefragt. Es entstand ein peinliches Schweigen, etwa so, als hätten wir unsere Großmütter nach ihren sexuellen Erfahrungen befragt. Schließlich meldete sich eine junge Frau, um eine Woche später einen eindringlichen Bericht zu geben. Sie erzählte, dass sie als sehr junges Mädchen im Mittleren Westen der USA nachts im Bett viele, viele Stunden gelesen hat, unerlaubterweise. In einer Winternacht wachte sie morgens um vier auf, ging hinaus und sah die Sterne am frostklaren Himmel. Sie erlebte ein für sie einmaliges Glücksgefühl, ein Gefühl der Verbundenheit mit dem Ganzen des Lebens, mit Gott, eine Erfahrung von überwältigender Klarheit, von Getragensein und Aufgehobenheit. Sie sah die Sterne, als hätte sie sie noch nie gesehen. „Es kann nichts passieren, ich bin unzerstörbar, ich bin eins mit dem Ganzen." Mit diesen Worten beschrieb sie das Erlebnis. Es habe sich dann nicht wiederholt, bis ihr in einem ganz anderen Kontext, etwa zehn Jahre später, etwas Ähnliches zugestoßen sei. Der andere Kontext war eine große Demonstration gegen den Vietnamkrieg. Auch da habe sie gewusst, dass sie aufgehoben sei: ein Teil des Ganzen, „nicht kaputtzukriegen", mit anderen zusammen. Beide Erlebnisse stellte sie, mit der Sprache und mit ihrer eigenen Scham ringend, unter dem Titel „religiöse Erfahrung" in Zusammenhang.

Angenommen, diese junge Frau hätte im 14. Jahrhundert in Flandern gelebt, dann hätten ihr andere Sprachtraditionen zur Verfügung gestanden, die es erlaubten zu sagen, „ich hörte eine Stimme“ oder „ich sah ein Licht, heller als alles“. In unserer Kultur ist sie zu Nüchternheit, Begrenzung, zu wissenschaftlicher Ausdrucksweise gezwungen. Dass und wie sie sich gegen diese Zwänge wehrte, machte ihren Bericht unvergesslich.

Mystische Erfahrung ist Glück – und sie macht zugleich heimatlos. Sie führt Menschen aus dem Haus, in dem sie sich eingerichtet haben, in die Hauslosigkeit, wie es dem jungen Gotama, dem späteren Buddha, geschah. Ein Stück von dieser asketischen Hauslosigkeit spürte ich auch in dem Bericht der Studentin, die sich immer mehr zu einem gewaltfreien Leben hingezogen fühlte. Zumindest lässt sich sagen, dass das Berührtwerden von Religion Menschen in einen Zustand versetzt, der gegenüber „dieser Welt“, wie das Neue Testament mit einem gewissen Ekel sagt, Fremdheit hervorruft. Die Distanz von der alltäglichen Wirklichkeit rechtfertigt noch nicht unbedingt das große Wort „Widerstand“, aber es deutet hin auf ein anderes Leben. Glück und Heimatlosigkeit, Erfüllung und Suche, Nähe Gottes und die Bitterkeit seines Fehlens im Alltag der gewaltbeherrschten Realität gehören zusammen.

Dorothee Sölle

Erschüttere uns

Komm, Herr!
Lächle nicht über uns!
Sage nicht, du seiest uns nahe!
Millionen kennen dich nicht.
Und was nützte es, wenn sie dich kennten?
Was hilft deine Nähe,
wenn das Leben weiterläuft, wie es immer schon war?
Sprich zu uns! Verändere uns! Erschüttere uns!
Werde Fleisch von unsrem Fleisch!
Blut von unserem Blut!
Reiß uns heraus aus der Geruhsamkeit,
in der wir unser gutes Gewissen hüten!
Denn nur so finden wir Frieden,
den Frieden nicht von dieser Welt.
Deinen Frieden.

Dom Hélder Câmara

An dunklen Tagen

Auch an Tagen,
an denen wir uns anstrengen
und mühen,
ohne vorwärts zu kommen,
wenn wir das Ende der Machbarkeit erleiden müssen;
auch an Tagen,

an denen der Drang
zum Fragen und Klagen
bedrohlicher wird
und alles mitreißt,
was wir an Dämmen
gegen die Schwermut
gegen den Zweifel
aufgebaut haben:
auch an diesen Tagen,
bist DU, o Gott,
da,
verborgen,
weit innen in mir –
da!

Martin Gutl

Du bist bei mir

Du bist bei mir.
Du hörst mir zu.
Du nimmst mir die Angst.
Du schenkst mir Vertrauen.
Was ich auch tue,
Du zeigst mir Verständnis.
Schrei ich auch oft:
„Du liebst mich nicht mehr!",
Du bleibst mir doch treu.

Ob ich bete oder grüble,
ob ich klage oder lobe,

bitte oder danke,
Du bleibst bei mir,
mir näher,
als mein Herz mir sein kann.

Martin Gutl

Du, du, du!

Der Berditschewer pflegte ein
Lied zu singen, in dem es heißt:

Wo ich gehe – du!
Wo ich stehe – du!
Nur du, wieder du, immer du!
Du, du, du!

Ergeht's mir gut – du!
Wenn's mir weh tut – du!
Nur du, wieder du, immer du!
Du, du, du!

Himmel – du, Erde – du,
Oben – du, unten – du,
Wohin ich mich wende, an jedem Ende
Nur du, wieder du, immer du!
Du, du, du!

Martin Buber

Großer Gott klein

Großer Gott:
uns näher
als Haut
oder Halsschlagader
kleiner als
Herzmuskel
Zwerchfell oft:
zu nahe
zu klein –
wozu
dich suchen?
wir:
deine Verstecke

Kurt Marti

Altchristliches Segensgebet

Der Herr sei vor dir,
um dir den rechten Weg zu zeigen.

Der Herr sei neben dir,
um dich in seine Arme zu schließen
und um dich zu schützen.

Der Herr sei hinter dir,
um dich aufzufangen, wenn du fällst,
und dich aus der Schlinge zu ziehen.

Der Herr sei in dir,
um dich zu trösten, wenn du traurig bist.

Der Herr sei um dich herum,
um dich zu verteidigen,
wenn andere über dich herfallen.

Der Herr sei über dir,
um dich zu segnen.

So segne dich der gütige Gott.

(aus Irland)

Textnachweise

Trotz großer Sorgfalt konnten Herkunft und Rechte einiger Texte nicht geklärt werden; für Hinweise ist der Verlag dankbar.

Über die Autorinnen und Autoren

Herausgeber

Burkhard Weber ist Pfarrer und Direktor der Evangelistenschule Johanneum, Wuppertal.

Autorinnen und Autoren

Christina Brudereck ist Theologin und Schriftstellerin. In ihren Texten und Auftritten verbindet sie Spiritualität, Kultur und Menschenrechtsfragen und engagiert sich u. a. im Gemeinde-Kultur-Projekt CVJM e/motion.

Sabine Herwig arbeitet als Jugendreferentin im Evangelischen Jugendwerk, Bezirk Tübingen. Sie wandert gern und freut sich dabei besonders über Geocaches.

Kristina Schnürle ist Mutter von vier Kindern, Pfarrerin und Klinikseelsorgerin in der Kinderklinik „Olgahospital“ in Stuttgart.

Klaus Teschner ist Pfarrer und Landeskirchenrat i. R. in Kaarst. 1984–2013 war er Vorsitzender der Evangelistenschule Johanneum Wuppertal, 1999–2012 Vorsitzender des Verbandes der Deutschen Evangelischen Bahnhofsmission.

Ulrike Voigt ist Germanistin und Theologin, Laienpredigerin der Evangelisch-methodistischen Kirche und arbeitet als selbstständige Lektorin und Autorin.

Tina Willms war Krankenhausseelsorgerin und Gemeindepfarrerin. Heute arbeitet die in Hameln lebende Theologin als freie Autorin und hält Rundfunkandachten für NDR 1, für die sie auch schon Preise erhielt.